दिशा-विदिशा

(कविता के बहाने)

वाणी प्रकाशन

21-ए, दरियागंज, नयी दिल्ली-110002

फोन : 011-23273167, 23275710

फैक्स : 011-23275710

e-mail : vaniprakashan@gmail.com

website : vaniprakashan.com

दिशा-विदिशा

(कविता के बहाने)

संरक्षक

आर. के माथुर, आई.ए.एस.

संचयन

नर्मदेश भावसार

शीलचंद पालीवाल

निसार मालवी

ब्रज श्रीवास्तव

आकल्पन

आलोक श्रीवास्तव

प्रस्तुति

प्रगतिशील लेखक संघ

विदिशा-इकाई

वाणी प्रकाशन का लोगो
विख्यात चित्रकार मकबूल फिदा हुसेन
की कूची से

ISBN : 978-81-8143-630-6

वाणी प्रकाशन
21-ए, दरियागंज, नयी दिल्ली-110002
द्वारा प्रकाशित

प्रथम संस्करण : 2007

मूल्य : 200.00

आवरण : वाणी चित्रांकन

जयभारत, दिल्ली-110032
द्वारा मुद्रित

DISHA-VIDISHA
Edited by : Alok Shrivastav

तेषा दिक्षु प्रथित विदिशा लक्ष्णां राजधानी

कालिदास ने 'मेघदूत' में विदिशा का परिचय उपरोक्त शब्दों में दिया है। दो-ढाई हज़ार वर्ष पूर्व के भारतीय इतिहास में विदिशा अनेकानेक दृष्टियों--ऐतिहासिक, पुरातात्विक, राजनीतिक, व्यापारिक, सामरिक, साहित्यिक आदि-- से एक महत्त्वपूर्ण नगरी थी। परंतु यहाँ हमारा अभीष्ट है कविता और साहित्य के साथ उसका अविच्छिन्न संबंध।

जनश्रुति, पुराण और इतिहास, महाकवि बाल्मीकि, हर्ष, शूद्रक और महाभाष्यकार पतंजलि का संबंध भी विदिशा से जोड़ते हैं। कालिदास और बाणभट्ट के साहित्य में विदिशा का अंतरंग उल्लेख है। कालिदास ने 'रघुवंश' और 'मेघदूतम्' में विदिशा के उल्लेख के अलावा विदिशा के शुंगवंशी राजकुमार अग्निमित्र और मालविका के प्रेम-प्रसंग को लेकर 'मालविकाग्निमित्र' नाम से एक पूरा नाटक ही रचा है।

कालिदास और बाणभट्ट की कृतियों के अलावा 'कथा सरित्सागर' की कई कहानियों के आधार पर विदिशा में साहित्य, नाटक, नृत्य, संगीत व आमोद-प्रमोद की व्यापक संस्कृति का होना ज़ाहिर है। तो क्या यह संभव है कि अनेकों शताब्दियों में मात्र दो-चार-छह साहित्यकार और विद्वान ही यहाँ पैदा हुए होंगे? भयावह जल-प्लावन, नदियों की धाराओं के बदलने, भीषण अग्निकाण्ड, लूटपाट और स्थापत्य के विध्वंस में क्या खो गया और क्या बच गया, यह आज कौन जानता है?

विदिशा देश के उन गिने-चुने नगरों में से एक है जहाँ त्रिवेणी नाम का कोई संगम विद्यमान है। प्रयाग में गंगा-यमुना की दो धाराओं के बीच एक अनजानी धारा की कल्पना है जिसे सरस्वती कहा गया है। विदिशा की त्रिवेणी में भी वेत्रवती और बैस नदियों के संगम के बीच जो तीसरी अनजानी धारा है वह भी सरस्वती ही होगी। और इसी के कारण विदिशा में रचनात्मकता की एक अविच्छिन्न परंपरा सतत प्रवहमान रही है।

कालिदास द्वारा वर्णित दशार्ण जनपद का विस्तार आज नहीं देखा जा सकता। परंतु विदिशा अपने अतीत की गंध के साथ आज भी विद्यमान है और इस गंध में सम्मोहन का जादू है।

मेरे मित्र डॉ. रामशंकर द्विवेदी ने जो बांग्ला के गंभीर साहित्य के अनुवादक के रूप में काफी प्रतिष्ठित हो चुके हैं, सुश्री नवनीता देव सेन का एक संस्मरण मुझे सुनाया जिसके अनुसार जब वे भोपाल में भारत भवन के किसी कार्यक्रम में भाग

लेने के बाद दिल्ली जा रही थीं तो ट्रेन विदिशा में रुकी। जब उन्हें पता लगा कि यह विदिशा स्टेशन है तो उन्होंने तुरंत उतरकर प्लेटफॉर्म की धूल अपने माथे से लगाई और वापस गाड़ी में चढ़ गईं।

इस नगरी में ऐसा कौन-सा सम्मोहन है कि स्व. बाबा नागार्जुन बरसों तक प्रतिवर्ष यहाँ आकर कई-कई महीनों तक डॉ. विजय बहादुर सिंह के घर रहते थे। स्व. शलभ श्रीराम सिंह ने भी विदिशा को अपनी खास कर्मभूमि बनाया था। यही डॉ. विजय बहादुर सिंह ने किया।

वेणु गोपाल, माहेश्वर तिवारी, प्रेमशंकर रघुवंशी और नीलेश रघुवंशी जैसी प्रतिभाएँ भी कई-कई साल विदिशा में रहकर अन्यत्र गईं परंतु उनके मन के एक खास कोने में विदिशा का एक विशेष स्थान अब भी होगा, इससे इनकार नहीं किया जा सकता।

विगत साठ-सत्तर वर्षों में विदिशा के काव्याकाश में उदित प्रतिभाओं में सबसे पहले मुझे स्व. गोवर्धनलाल जी 'श्याम' का स्मरण आता है जिन्हें मैंने बचपन में अपने घर पर कभी-कभी देखा था। वे ब्रजभाषा में लिखते थे और अपने समय के ख्यातनाम कवियों में थे। उम्र में उनसे कम श्री लल्लू सिंह 'हैरां' उर्दू में लिखते थे। उनके गले में कुछ समस्या थी और काफी जोर लगाकर बोल पाते थे। 'श्याम' जी के सुपुत्र श्री नर्मदेश भावसार मिडिल स्कूल में मेरे हिंदी के शिक्षक थे। उनके समवयस्क श्री शंभूदयाल शर्मा 'विमल' भी खड़ी बोली में लिखते थे। 'विमल' जी फिल्मों में किस्मत आजमाने के लिए बंबई भी गये थे परंतु उस समय की लाइलाज बीमारी 'टी.बी.' ने उन्हें असमय ही दुनिया से उठा लिया।

नर्मदेश जी आज अपनी पीढ़ी के एकमात्र प्रतिनिधि हैं। उनके बाद की पीढ़ी के कवियों-साहित्यकारों में शायद ही कोई होगा जो उनके प्रोत्साहन और मार्गदर्शन का ऋणी न हो। यही नहीं उन्होंने अपने समय के कवियों के कृतित्व को जीवित रखने का भी भरसक प्रयत्न किया और 'विदिशा के बोल' नाम से एक प्रतिनिधि संकलन का संपादन-प्रकाशन किया। 'हैरां' के संकलन 'हैरां-वचनावली' और 'विमल' जी के 'अम्बर के दीप' का संपादन-प्रकाशन भी उन्होंने किया। विदिशा के कवियों और साहित्यकारों को एक आधार प्रदान करने वाली संस्था 'विदिशा साहित्य परिषद्' बरसों से उनके प्रयासों से ही चल रही है।

कुछ प्रतिभाशाली कवि व साहित्यकार जो विदिशा के ही थे, बाहर चले गये। महेश संतोषी और बटुक चतुर्वेदी ने भोपाल को अपनी कर्मभूमि बना लिया। व्यंग्यकार शंकर पुणताम्बेकर जलगांव में बस गये।

परंतु विदिशा की उर्वर भूमि में पुरानी और नई पीढ़ियों के अनेकानेक कवि-साहित्यकार आज भी काम कर रहे हैं—कुछ परंपरागत शैली में तो कुछ नई भाषा, नये मुहावरों के साथ नये विषयों को आधुनिक काव्यशैली में अभिव्यक्त कर रहे हैं।

इनमें हिंदी के रवींद्र प्रजापति 'स्वप्निल' और उर्दू-हिन्दी के आलोक श्रीवास्तव जैसे युवा शामिल हैं।

ये सब नई-पुरानी प्रतिभाएँ इतनी सारी हैं कि उन सबका उल्लेख करना विस्तार-भय से संभव नहीं है।

इन कवियों और शायरों के प्रतिनिधि काव्य के एक संकलन की आवश्यकता काफी समय से महसूस की जा रही थी। अब उसने मूर्त रूप लिया है। यह प्रसन्नता का विषय है।

–हरिवंश सिलाकारी

विश्व प्रसिद्ध कवि कालिदास के 'मेघदूत' में विदिशा

अनुवाद : कवि नागार्जुन

पाण्डुच्छायोपवनवृतयः केतकैः सूचिभिन्नै-
नींडारम्भैर्गृहवलिभुजामाकुलग्राम चैत्याः
त्वय्यासन्नै परिणतफलश्यामजम्बूव नान्ताः
संपत्स्यन्ते कतिपयदिनस्थायिहंसा दशार्णाः ॥

खिले हुए केवड़ों से धूसर होंगे बागों के घेरे
वलिभोजी कौओं के घोंसले से—
मुखरित होंगे गँवई चितामंदिर
पकी-पकी काली-काली जामुनों से लदे होंगे जंगल
कुछ दिन टिके रहना चाहेंगे हंस
जब कि तुम पहुँचोगे 'दशार्ण' जनपद

तेषां दिक्षु प्रथितविदिशालक्षणां राजधानीं—
गत्वा सद्यः फलमविकलं कामुकत्वस्य लब्ध्वा।
तीरोपान्ततस्नितसुभगं पास्यसि स्वादु यस्मात्
सभ्रू भङ्गं मुखमिव पयो वेत्रवत्याश्चलोर्मि ॥

परम-प्रथित नगरी वह विदिशा...
सुलभ होंगे सभी साधन विलासिता के वहाँ
देर है पहुँचने भर की!
बेतवा नदी के किनारे रुकना
मीठे-मीठे हौले-हौले गरजना
पीना जल उस का चपल-तरंगमय
बंकिम भ्रू वाली वनिता का अधरमधु—
पीता ज्यों रसिक नटनागर

महाकवि बाणभट्ट विरचित 'कादम्बरी' में विदिशा वर्णन

तस्य च राज्ञः कलिकालभयपुञ्जीभूतकृतयुगानुकारिणी, त्रिभुवनप्रसवभूमिरिव विस्तीर्णा, मज्जन्मालवविलासिनीकुचतटास्फालनजर्जरित्तोर्मिमालया जलावगाहनागतजयकुञ्जरकुम्भसिन्दूरसंध्यायमानसलिलयोन्मदकल- हंसकुलकोलाहलमुखरीकृतकूलया वेत्रवत्या परिगता विदिशाभिधाना नगरी राजधान्यासीत्।

उस राजा शूद्रक की विदिशा नगरी राजधानी थी। वह नगरी इतनी लम्बी-चौड़ी थी कि तीनों लोक उसी से जायमान मालूम पड़ते थे। उस राज्य की प्रजा के धर्मात्मा होने के कारण ऐसा लगता था कि जैसे कलिकाल से डरकर सत्ययुग ने वहाँ ही डेरा डाल दिया है। विदिशा नगरी के चारों ओर वेत्रवती नदी बहती थी। स्नान के लिए उतरे जयकुंजरों के मस्तक पर लगे सिन्दूर के धुलने से वेत्रवती नदी का जल संध्याकाल के सदृश लाल दीखता था। जब मालव देश की नारियाँ उसमें स्नान करती थीं तो उनके कठोर स्तनों के आघात से उसकी तरंगें छितरा जाती थीं। उसके तट पर रहने वाले मदमत्त कलहंस नित्य कोलाहल करते रहते थे।

दिशा-विदिशा

तीसरी दुनिया के देशों के परिप्रेक्ष्य में भूमंडलीकरण की अलामतों पर बहसें जारी हैं। भूमंडलीकरण अर्थात् वैश्विक-पूँजीवादी विकास की प्रक्रिया का एक स्वाभाविक परिणाम यह है कि हमारी क्षेत्रीय सांस्कृतिक विशिष्टताएँ नष्ट होती जाती हैं। हमने अपने अलग-अलग अंचलों में भाषा और संस्कृति की सुदीर्घ परंपराओं के विकास के रूप में जो बहुलता अर्जित की है, भूमंडलीकरण का उससे सीधा बैर का रिश्ता है। हम भाषायी और सांस्कृतिक बहुलता के बूते पर तमाम दुनिया को एक साँचे में ढालने की साज़िश का प्रतिरोध कर सकते हैं। अतएव अपने अंचलों की सर्जनात्मकता को रेखांकित करना हमारा महत्त्वपूर्ण जनवादी कार्यभार है। प्रस्तुत संकलन 'दिशा-विदिशा' जाने-अनजाने एक बार फिर हमें यह अवसर देता है कि हम भूमंडलीकरण और क्षेत्रीय सांस्कृतिक वैशिष्ट्य के द्वंद्व को समझें।

इस संकलन में हमारे समय के एक महत्त्वपूर्ण कवि नरेन्द्र जैन की 'अनुपस्थित अंजार' शीर्षक कविता है। शुरू की कुछ पंक्तियाँ देखिए :

विदिशा के आकाश में आज अनगिनत तारे हैं
तारे वहाँ भी होंगे जहाँ मलबे में दबा होगा अंजार
विदिशा में शायद बचा रह गया हो थोड़ा-सा विदिशा
अंजार में तो अब अंजार भी न बचा

नरेन्द्र जैन एक कमसुख़न और सादागो कवि के रूप में जाने जाते हैं। उनके ताज़ा संग्रह 'सराय में कुछ दिन' में ओर-पास की जगहों पर अनेक सशक्त कविताएँ शामिल हैं। एक संजीदा रचनाकार के यहाँ जगहों की केन्द्रीयता हमें अपने समय के सांस्कृतिक संकट की तरफ़ मुतवज्जो करती है। आज यथार्थ के सामान्यीकरण की रविश चल पड़ी है। छोटी-छोटी जगहों की जीवन-छवियाँ उपेक्षित हो रही हैं। दूसरे, इस क़िस्म की कविताओं की एक अन्य चिंता है, जगहों की मूल अस्मिता का विलुप्त होते जाना। इस संकट को हमें भूमंडलीकरण और बाज़ारवाद के सर्वग्रासी प्रसार के रूप में देखना चाहिए। किसी जगह में उसकी अस्मिता की अनुपस्थिति से कवि की क्या मुराद है? ज़ाहिर है, कवि का संकेत यहाँ सौहार्द, करुणा और प्रेम जैसे मानवीय मूल्यों के क्षरण की ओर है। क़स्बों में से क़स्बे ग़ायब हो रहे हैं, शहर में से शहर,

बाज़ार स्थानीयता को निगलता जा रहा है।

शलभ श्रीराम सिंह ने अपनी ग़ज़लों की किताब 'राहे-हयात' (1982) राणा रघुनाथ और विजय की ओर से 'विदिशा के नाम' समर्पित की थी। इस किताब के साथ विदिशा का नाम मंसूब करने के पीछे शलभ का क्या प्रयोजन है? जो लोग शलभ और विदिशा के मन को समझते हैं, उनके सामने इस समर्पण पंक्ति के माध्यम से विदिशा का सांस्कृतिक बिम्ब मूर्त हो उठता है। दरअसल यह समर्पण विदिशा और आसपास के लोगों की सुरुचि और साहित्यिक-संस्कार के नाम है, जिसकी परवरिश में स्वयं शलभ की दीवानावार सक्रियता रही है। यहाँ डॉ. विजय बहादुर सिंह से पहले एक नाम आया है राणा रघुनाथ। राणा रघुनाथ सिंह की प्रस्तुत संकलन में कोई रचना नहीं है। वह कवि नहीं थे, चित्रकार थे। स्वभाव से विनोदप्रिय राणा विदिशा की साहित्यिक महफ़िलों की शान हुआ करते थे। उनके पास काव्य एवं कला की विलक्षण समझ थी। मुझे याद है बाबा नागार्जुन का जब विदिशा में क़याम होता था तो वे राणा रघुनाथ सिंह को ढूँढ़ते फिरते थे। यहाँ शलभ के पुस्तक-समर्पण के ज़िक्र के ज़रिए हम यह बताना चाहते हैं कि विदिशा के साहित्यिक-सांस्कृतिक परिदृश्य के निर्माण का श्रेय सिर्फ़ यहाँ से जुड़े कवि-लेखकों को नहीं जाता, बल्कि लेखन- कर्म से बाहर के बहुत से सुरुचि संपन्न और संस्कारवान लोगों का इसमें उल्लेखनीय योगदान रहा है।

कविवर त्रिलोचन ने कहा था 'उस जनपद का कवि हूँ'। दो सौ साल पहले नज़ीर अकबराबादी कह गये हैं, 'शाइर कहो नज़ीर कहो आगरे का है।' गाहे-बगाहे कविता में स्थानीयता की चर्चा होती रही है। एक दृष्टिकोण यह रहा है कि कविता के बीच से उसके जनपद की पहचान उभरनी चाहिए। इस अपेक्षा को अच्छी कविता का एक मात्र निकष तो नहीं कहा जा सकता लेकिन कवि के अनुभव-लोक का अहाता कितना भी व्यापक हो, यदि उसकी चेतना का एक छोर स्थानीयता से जुड़ा है तो उसकी निजता में कुछ-न-कुछ इज़ाफ़ा ज़रूर होगा। जैसा कि हम समझ पाये हैं, इस संकलन के लिए रचनाओं का चयन स्थानीयता को दृष्टि में रखते हुए नहीं किया गया है। इसके बावजूद यहाँ कहीं-कहीं विदिशा जनपद की रसगंध महकती महसूस होती है।

प्रस्तुत संकलन को देखकर एक प्रश्न जेहन में उभरता है कि क्या इन कविताओं के बीच से जनपद की पहचान कराने वाली किसी सामान्य विशेषता को तलाश किया जा सकता है? हमें लगता है, यह एक अतार्किक और असंभव-सी बात है। जहाँ पाँच-छह पीढ़ियों के रचनाकारों की सर्जनात्मकता के नमूने एक जगह मौजूद हों, वहाँ हमें भिन्नता और विभेद की अपेक्षा ही करना चाहिए।

यह विदिशा की पूरी एक सदी की रचनाशीलता का आईना है। इसमें विरासत के रूप में 1874 ई. में जन्मे गोवर्धन लाल श्याम और 1896 ई. में जन्मे लल्लू सिंह हैराँ की कविताएँ भी हैं और सन् 1970 के आसपास जन्मे और नवें दशक से शुरुआत करने वाले आलोक श्रीवास्तव, रवीन्द्र स्वप्निल प्रजापति, ब्रज श्रीवास्तव, मणि मोहन

मेहता, नरेश 'राज', चित्रा सिंह, अमिता प्रजापति, संतोष शर्मा सागर, अनिल जैन, मुईन सब्बाग और लक्ष्मण सोनी जैसे युवतर कवियों की रचनाएँ भी मौजूद हैं। सौ वर्ष के बीच फैले हुए इस रचना-समय में विभिन्न रुझानों और वैचारिक संबद्धताओं का प्रतिनिधित्व मिलता है। इस बिखरे हुए कविता-परिदृश्य पर कोई निर्णायक टिप्पणी कर पाना मुश्किल भी है, अस्वाभाविक भी। भिन्न स्वभावों की रचनाओं पर यदि हम कोई सामान्य टिप्पणी करते भी हैं तो तत्क्षण उस राय को झुठलाने वाली दूसरे ढंग की बहुत-सी रचनाएँ इसी संकलन में नज़र आने लगती हैं। आरम्भिक कवियों में गोवर्धन लाल श्याम के ब्रजी और बुंदेलखंडी मिश्रित बोली में तीन कवित्त शामिल हैं जो रचनाकाल की दृष्टि से द्विवेदी युग की रचनाएँ हैं। एक कवित्त में हिन्दी भाषा की प्रशंसा है। निज भाषा पर गर्व की यह प्रवृत्ति उस दौर की एक सामान्य विशेषता है। लगभग उसी दौर के रचनाकार हैं लल्लू सिंह हैराँ। 'हैराँ' की ग़ज़लें क्लासिकल शाइरी के बेहतरीन नमूने हैं। इन ग़ज़लों को देखकर लगता है कि वह फ़ानी बदायूनी और हसरत मोहानी के रंग में ग़ज़ल कहते थे। इसी तरह पुरानी धारा के कवियों में वारिस अली ख़ाँ एक महत्त्वपूर्ण नाम है। वारिस साहब एक बाकमाल उस्ताद शाइर के रूप में विख्यात हैं। नये लोगों में शाइरी का शौक़ो-ज़ौक़ पैदा करने में उनकी बड़ी भूमिका रही है। उनके यहाँ जदीदियत और रिवायत का मेल देखा जा सकता है–

जिसकी बुसअत में है दाखिल कायनाते हुस्नो-इश्क़
दिल-सी शै बख़्शी गयी इन्साँ बनाने के लिए

शिद्‌दते ग़म से जो 'वारिस' आँख भर आई कभी
हँस पड़ा बेसाख़्ता मैं ग़म छुपाने के लिए

यहाँ संकलित रचनाओं में काव्य-रूपों की विविधता मिलेगी। महेश संतोषी, प्रभात जैन, कालूराम पथिक, कृष्ण बक्षी, युगल श्रीवास्तव, बटुक चतुर्वेदी, जयकुमार शीतल, आनंद श्रीवास्तव, गोवर्धन राजोरिया, श्रीराम व्यथित, जगदीश श्रीवास्तव, शंभुदयाल शर्मा विमल, रज्जन नादाँ, रामकिशन चौरसिया, अनिल जैन, शीलचंद पालीवाल, वल्लभ आर्य कामिल, मदन लाल शर्मा और आलोक श्रीवास्तव की रचनाएँ छंद की बानगियाँ प्रस्तुत करती हैं। इनमें गीत और नवगीत सब शामिल हैं। निसार मालवी, मनोहर युगेन, सुरेन्द्र श्रीवास्तव, उपेन्द्र कालुस्कर, संतोष शर्मा सागर, शशि कुमार शर्मा, रामकिशन असहाय, नंदन, राजकुमार जैन, कमल सिंह आदर्श, वारिस ग़ाफ़िल, सुदिन श्रीवास्तव, मुईन सब्बाग, लक्ष्मण सोनी, 'घायल', हबीब नादाँ, नरेश राज, वारसी, प्रमोद पांडेय और आलोक श्रीवास्तव की रचनाएँ हिन्दी ग़ज़ल की भविष्य में संभावनाओं का पता देती हैं। शेष रचनाकारों ने प्रायः मुक्त छंद के प्रचलित रूप को अपनी अभिव्यक्ति का वसीला बनाया है। ग़ज़ल की तरफ़ तेज़ी के साथ बढ़ते रुझान में अनुकरण ज़्यादा

है, निजता कम।

शलभ श्रीराम सिंह, वेणु गोपाल, नरेन्द्र जैन, विजय बहादुर सिंह, प्रेमशंकर रघुवंशी और माहेश्वर तिवारी की उपस्थिति इस संकलन की साहित्यिक मूल्यवत्ता में इज़ाफ़ा करती है। शलभ की शौला-बयानी, वेणु गोपाल की प्रतिरोध-मूलक प्रतिबद्धता, नरेन्द्र जैन की अपने इर्द-गिर्द के छोटे-छोटे सचों को भाषा में स्वायत्त करने की प्रतिभा, विजय बहादुर सिंह की एक आलोचक के रूप में संतुलित दृष्टि और कवि के रूप में रागमय अभिव्यक्ति, प्रेमशंकर रघुवंशी की लोक-चेतना और माहेश्वर तिवारी की भाव-प्रवणता से पाठक भली- भाँति परिचित हैं। हम सातवें दशक के आरंभ से अब तक की कविता पर बात करना चाहें तो हमें कहीं-न-कहीं इन रचनाकारों के साक्ष्य की ज़रूरत महसूस होगी।

यहाँ संकलित लगभग आठवें दशक के अंत से शुरुआत करने वाले रचनाकारों में अपने समय के सवालों को लेकर बेचैनी नज़र आती है। प्रायः उनकी रचनाओं में हमारे मूर्धन्य कवियों की अभिव्यक्तियाँ साफ़-साफ़ झलकती हैं, यह एक स्वाभाविक-सी बात है कि नयी पीढ़ियाँ अपनी परंपरा के प्रभाव को निजता का रंग देकर आत्मसात नहीं कर पातीं। बावजूद इसके इन नये रचनाकारों में यथार्थ के नये रूपों को जानने की तीव्र इच्छा है और साथ ही साथ वे भाषा का विवेक भी अर्जित करना चाहते हैं। उनके भीतर एक आग है जो व्यक्त होने के रास्ते तलाश रही है। जय नारायण मेहता की ये पंक्तियाँ उनके समवयस्क और युवतर पीढ़ी के रचनाकरों की मनोदशा और आस्था को बयान करती हैं—

जानती है हवा इन
तमाम बातों के बावजूद
कि असली आग
अलावों में नहीं
लोगों के दिलों में होती है

कुछ युवा कवियो की रचनाएँ बरबस हमारा ध्यान खींचती हैं। मसलन दफ़ैरून की 'बुहारी' शीर्षक एक ऐसी ही कविता है। ग़ैरअहम छोटी-छोटी चीज़ों के माध्यम से, मानवीय संवेदना को उभारने की चेष्टा, एक मुश्किल काम है। अपना काम निबटा कर बुहारी का कोने में लेट जाने का एहसास हमें भीतर तक कचोटता है। विदिशा की कवयित्री नीलेश रघुवंशी ने घर की ऐसी ही चीजों पर कविताएँ लिखकर पहचान बनायी है। 'बुहारी' को पढ़ते हुए हमें वरिष्ठ कवि केदारनाथ सिंह की 'कुदाल' शीर्षक एक जानदार कविता की अनायास याद आ जाती है।

इस संकलन में संबंधों पर युवा कविताओं की कुछ अच्छी कविताओं की मौजूदगी बहुत सुखद लगती है। कविता में घर-परिवार को अब ज़्यादा स्पेस मिलने लगा है।

वजह यह है संबंध अब बाज़ार और उपभोक्ता-संस्कृति से तय होने लगे हैं। कविता, बाज़ार और उपभोक्ता-संस्कृति का सबसे बड़ा प्रतिरोध है। दिनेश मिश्र, रवीन्द्र स्वप्निल प्रजापति, मालम सिंह, अमिता प्रजापति, मणि मोहन मेहता और आलोक श्रीवास्तव ने किसी-न-किसी रूप में संबंधों के बीच फैलते हुए रेगिस्तान को लेकर चिंता जतायी है। यह भी एक संयोग ही है कि इन कवियों के यहाँ संबंधों के केन्द्र में स्त्री है। इनकी कविताओं की प्रेरणा संभव है विष्णु खरे की 'हमारी पत्नियाँ', 'लड़कियों के बाप'; चंद्रकांत देवताले की 'नहाते हुए रोती औरत'; भगवत रावत की 'कचरा बीनने वाली लड़कियाँ' और आलोक धन्वा की 'भागी हुई लड़कियाँ' और 'छतों पर लड़कियाँ' जैसी कविताओं में निहित रही हो। बहरहाल इन युवा कवियों का मौजूदा परिप्रेक्ष्य में स्त्री को देखने का अपना तौर है। अनुभव की गहराई और माध्यम पर अधिकार को लेकर इनकी कविताओं पर बात हो सकती है लेकिन आज के स्त्री-विमर्श में इनकी भागीदारी को सराहनीय ही कहा जाएगा। दिनेश मिश्र की 'खुशी बनाम डर'; रवीन्द्र स्वप्निल प्रजापति की 'तेरह साल की लड़कियाँ'; मालम सिंह की 'माँ'; अमिता प्रजापति की 'शादी के बाद सहेलियाँ'; मणि मोहन मेहता की 'औरतें' और आलोक श्रीवास्तव की 'अम्मा' शीर्षक कविताएँ इसकी गवाही देती हैं।

'दिशा-विदिशा' संकलन दरअसल एक गुलदस्ता है। फ़ारसी की एक उक्ति है—'हर गुले रा रंगो-बूए दीगर अस्त', अर्थात् हर फूल की रंगत और सुगंध दीगर होती है। यहाँ संकलित प्रत्येक रचनाकार के प्रति मेरे मन में सम्मान है लेकिन इस संक्षिप्त आलेख में सब पर स्वतंत्र टिप्पणी करना न तो संभव है, न ही अपेक्षित। मैंने महज़ एक सामान्य पाठक की हैसियत से इन रचनाओं को लेकर अपनी कैफ़ीयत व्यक्त कर दी है। हिन्दी कविता के व्यापक परिदृश्य के बीच इस संकलन की क्या जगह होगी, इसका निर्णय आने वाला समय करेगा। मैं पाठकों के बीच इसकी स्वीकार्यता को लेकर आश्वस्त हूँ।

वर्षों से स्थगित इस संचयन को सामने लाने वाले आलोक श्रीवास्तव मीडियाकर्मी होने के साथ-साथ कविता, विशेष रूप से हिन्दी ग़ज़ल के संभावनामय हस्ताक्षर हैं। उन्होंने बहुत कम समय में शब्द की दुनिया में अपनी जगह बनायी है। उनका विदिशा और भोपाल में अर्जित संपादन का अनुभव प्रस्तुत संकलन की तरतीब में बखूबी झलकता है। दिल्ली की व्यस्त ज़िंदगी से घिरे रहने के बावजूद, विदिशा जनपद की रचनाशीलता को मंज़रे आम पर लाने हेतु आलोक बधाई के पात्र हैं।

—डॉ. जानकी प्रसाद शर्मा

बी-330, अशोक नगर, शाहदरा
दिल्ली-110093

अनुक्रम

विरासत

रचनात्मक माहौल देते रहे कवियों को श्रद्धांजलि

●

आशीर्वाद

कविता में सक्रिय वरिष्ठ कवि

●

प्रेरणा

नये रचनाकारों की ऊर्जा

●

समकाल

राष्ट्रीय मानचित्र पर सक्रिय और चर्चित युवा

●

वातायन

रेखांकित होते रचनाकार

विरासत

रचनात्मक माहौल देते रहे कवियों को श्रद्धांजलि

लल्लू सिंह 'हैरां'

जन्म : 15 जनवरी 1896 को विदिशा में।
हिन्दी और उर्दू में कविता लिखते थे। उनकी ग़ज़लें सूफ़ियाना अंदाज़ की थीं। उनका नागरिक अभिनंदन किया गया था। प्रमुख रचना-पुस्तक 'हैरां वचनावली' है जिसकी भूमिका बच्चन जी ने लिखी थी।

ग़ज़ल

जुस्तजूए यार में जब खुद ही खो जाता हूँ मैं
तब कहीं उस लासकाँ का कुछ पता पाता हूँ मैं
जानिबे हस्ती तलाशे यार में आता हूँ मैं
बारहा नाकाम हो होकर चला जाता हूँ मैं
ज़र्रे-ज़र्रे में नजर आता है उसका ही जमाल
जलवा फ़रमा खानए-दिल में जिसे पाता हूँ मैं
छोड़कर जाते हैं मुझको सब मेरे होशो-हवास
जब हुजूमें जलवए जानाँ में घिर जाता हूँ मैं
दीनो-ईमां उस बुते काफिर के सदके कर दिये
दूर अब होशो-खिरद से भी हुआ जाता हूँ मैं
मौज दरिया में उठी ग़र्क़ाबें दरिया हो गई
इस तरह क्या हस्तिए मौहूम बन जाता हूँ मैं
वस्ल में हासिल कहाँ वो बेकरारी के मज़े
हिज्र के सदमों में हैरां जो सुकूँ पाता हूँ मैं

शंभूदयाल शर्मा 'विमल'

जन्म : 1921 में विदिशा में जन्म।

शिक्षा : हाई स्कूल विशारद तक शिक्षा ग्रहण कर अध्यापक हो गये थे। गीत-ग़ज़ल पर उनका अधिकार था। उनकी प्रशंसा सुभद्रा कुमारी चौहान, मैथिलीशरण गुप्त ने की थी। वे बम्बई चले गये थे। वहाँ फिल्मों में संपादन-कार्य किया।

प्रकाशन : अंबर के दीप (गीत संग्रह)

चल रहा हूँ मृत्यु के पथ पर

देखता हूँ आज चारों ओर छाया है अँधेरा
कर रहा हूँ तीक्ष्ण तूफानी तरंगों पर बसेरा
जा रही है नाव हाथों में सबल पतवार मेरे
भय नहीं है क्या हुआ यदि लाख भी तूफान घेरे
मोड़ दूँगा नाव को चाहूँ जिधर कुछ डर नहीं है
यह महाविस्तीर्ण सागर है कि मेरा घर नहीं है

मैं उमंगों का पथिक लो बढ़ चला निज साधना ले
चल रहा हूँ मृत्यु के पथ पर विजय की कामना ले

आज उल्काएँ गिरें, घन-घोर गर्जन हो भले ही
बिजलियाँ टूटें, फटे आकाश की छाती भले ही
हार मैं सकता नहीं जो दाव जीवन का लगा है
रोम हाँ, प्रतिरोम चिर विश्वास में ऐसा पगा है
क्या बिगाड़ेंगे उठे जो आज चारों ओर बादल
मैं नहीं डरता कि है विश्वास का ही एक संबल

जा रहा तूफान में मैं प्रीति की आराधना ले
चल रहा हूँ मृत्यु के पथ पर विजय की कामना ले।

गीत

मेरे दृगों के अश्रुकण
छा गये उनके नयन में
बन सजल पावस सघन घन
मेरे दृगों के अश्रुकण

वह नयन प्रतिबिंब देखा
और चमकी एक रेखा
मधु स्मृति कह दूँ उसे या
कहूँ कवि की भाव रेखा

हृदय तंत्री झंकृत हो
कर उठी अदृश्य स्पंदन
मेरे दृगों के अश्रुकण
छा गये उनके नयन में

चार लोचन गा उठे वह
मिलन का संगीत सुंदर
गिर रहे थे हार मुक्ता
आँसुओं का रूप धर-धर

मौन मानव और माया का मिलन
कितना अचेतन
मेरे दृगों के अश्रुकण
छा गये उनके नयन में।

गोवर्धन लाल 'श्याम'

जन्म : 13 नवम्बर 1874 को बासोदा में।
शिक्षा : मिडिल व विशारद तक शिक्षित थे।
रचना : पूर्ति प्रमोद भाग-1 व 2, प्रेम विवाह, नागदमन तरंगिनी, 'बेतवा लहरी', होली रहस्य काव्यों की रचना की। दोहा, सवैया, कवित्त, कुंडली, छप्पय आदि की रचना छन्दों में की है। कवि नर्मदेश उनके यशस्वी पुत्र हैं।

सवैया

भाषा और कौन राष्ट्र भाषा के समान प्रिय,
और लिपि शुद्ध कौन नागरी समान है?
मारवाड़ी, मुड़िया में सेठ, सठ, सौंठ, संठ,
ठीक-ठीक पढ़ लेना कठिन महान है।
घन है, गहन है कि घुन है कि घिन है यह
खूबी उरदू की पहिचान ही फचान है।
मानिये प्रमान अंगरेजी का प्रधान यह
पढ़िये तो मन है कि मैन है कि मान है।

आवत असाढ़ आस लागी, प्रिय आवन की
अजहुँ न आये लाल अंग तरसत है।
कोपकर अंबुद घमंड अवनी को ओप कीन्हों
रवि लोप द्युति नाहि दरसत है।
घोर घहरावै विज्जु चमक बनावे, हाथजोर के
जमात पिक मोर हरसत है।
जान के अकेली मोहिं ठान के गुमान हेली इन्द्रधनु
तान मेघ बान बरसत हैं।

नाहिन ये बेतवा विराजै, सुरसरी गङ्ग, बैस है
न, रविजा तरंग अघ हन है
नाही चुखरैल लाल सरस्वती राजै, यह बेनी ना
विशाल ये, त्रिबेनी गुनगन है।
उदैगिरि फेरी है न अक्षैवट फेरी यह, गुहा है
न, भरद्वाज मुनि निवसन है
भद्रवती है न यह प्रागराज राजत, अमंगल
दमन करै मंगल भवन है।

शलभ श्रीराम सिंह

जन्म : 5 अक्टूबर, 1938 मसोढ़ा (सैदेही) फैज़ाबाद (उप्र.)
प्रकाशित कृतियाँ : कल सुबह होने से पहले, अतिरिक्त पुरुष, राहे हयात, निगाह-दर-निगाह, नागरिक गाथा, अपराधी स्वयं, ध्वंस का स्वर्ग, उन हाथों से परिचित हूँ मैं। अंग्रेजी, बंगाली, तमिल, मराठल, नेपाली, गुजराती, उर्दू में रचनाओं के अनुवाद प्रकाशित।

ग़ज़ल

क्यों चंचल है।
बहता जल है॥

सन्नाटा क्यों
यह जंगल है।

आगे क्या है
इक दलदल है।

आवारा क्यों
वह बादल है।

दर्द जबीं क्यों
दिल घायल है!

दर्दे-सदा! उफ़
जी सहगल है!

हाल शलभ का
बस पागल है।

जीवन बचा है अभी

जीवन बचा है अभी
जमीन के भीतर नमी बरकरार है

बरकरार है पत्थर के भीतर आग
हरापन जड़ों के अंदर साँस ले रहा है
जीवन बचा है अभी
रोशनी खोकर भी हरकत में हैं पुतलियाँ
दिमाग़ सोच रहा है जीवन के बारे में
खून दिल तक पहुँचने की कोशिश में है
जीवन बचा है अभी
सूख गए फूल के आसपास है खुशबू
आदमी को छोड़कर भागे नहीं हैं सपने
भाषा शिशुओं के मुँह में आकार ले रही है
जीवन बचा है अभी

अपनी अपनी आग

सूरज अपनी आग में जल रहा है
अपनी आग में जल रहा है चाँद
तारा अपनी आग में...

जंगल अपनी आग में जल रहा है
अपनी आग में जल रहा है पहाड़
नदी अपनी आग में...

समुद्र अपनी आग में जल रहा है
अपनी आग में जल रहा है पक्षी
धरती अपनी आग में...

पशु अपनी आग में जल रहा है
अपनी आग में जल रहा है पक्षी
आदमी अपनी आग में...

अपनी-अपनी आग है सबकी
कवि सबकी आग में जल रहा है।

मदनलाल शर्मा

बेतवा प्रदूषण निवारक के रूप में—बेतवा 'बाबा' के नाम से प्रसिद्ध। श्री शर्मा आशु कवि थे। किसी भी विषय पर लिखना उनकी क्षमता और सजगता का प्रतीक हैं।

महाकवि तुलसीदास

राम का सौन्दर्य तुलसी साकार करना जानते थे,
हिन्द के थे वे तपस्वी ग्रन्थ रचना जानते थे।
विश्व के अगणित नरों के पथ-प्रदर्शक एक थे,
नियति के निर्मल करों में साहित्य के अभिषेक थे।
सुन्दरी नारी को हँसकर त्याग करना जानते थे,
राम का सौन्दर्य तुलसी साकार करना जानते थे।

वे सजल घन थे कि जिसका वारि था जीवन प्रदाता,
वे अनल कण थे कि जिसका ताप था तम को जलाता।
प्राण को अवधेश पर बलिहार करना जानते थे,
राम का सौन्दर्य तुलसी साकार करना जानते थे।

वे विमल मन लेखनी से विश्व पशुबल को हराते,
वे राम के ही शब्द से अपराध के परवत गिराते।
वे प्रभु के भी हृदय पर अधिकार करना जानते थे,
राम का सौन्दर्य तुलसी साकार करना जानते थे।

शक्ति के शिव रूप संस्कृति के सुधारक थे समुज्ज्वल,
भक्ति के वरदान श्रद्धा स्नेह के थे वे अथक बल।
'मदन' तुम पर वे सुदृढ़ अधिकार करना जानते थे,
राम का सौन्दर्य तुलसी साकार करना जानते थे।

उर-उदधि में राम-सीता की कथा वे थे छिपाये,
लेखनी से वरदान लेकर फिर उन्होंने कर उठाये।
हिन्दी भाषा का सुभग शृंगार करना जानते थे,
राम का सौन्दर्य तुलसी साकार करना जानते थे।

एम. के. सिंह 'हाड़ा'

जन्म : 6 अक्तूबर 1928, ग्वालियर
'हाड़ा' की कार्यस्थली विदिशा रही।
प्रकाशित रचना—'वृंदावन के आँसू'
पुलिस विभाग से सेवानिवृत्त होकर साहित्य साधना के प्रति उन्मुख हुए थे।
पुण्यतिथि : 31 दिसम्बर, 1999

किस के भाल लगाऊँ चंदन

कैसी बन्धू दीप मालिका,
कैसी बन्धू होली

किस के भाल लगाऊँ चंदन
किस के अक्षत रोली
सब के चेहरे तारकोल से
का संग खेलूँ होली

रक्षक-भक्षक, चोर पहरुये
गंगा हो गई मैली
स्वार्थ-सिद्धि में सिद्ध-हस्त सब
निगलें धूप रुपहली

कल थी जिनसे डाह सौतिया
आज वही हमजोली—
सत्ता लोलुप फूँक रहे हैं—
नैतिकता की होली—

देश-भक्त जन-सेवक का भी
आज नया आह्वान
मौका बार-बार नहीं मिलता
मत चूके चौहान

लोभ विजयी, सिद्धांत पराजित
मर्यादाएँ रोतीं
आदर्शों की खुले बजारों में
नीलामी होती

आज पराभव की कगार पर
मानव जा पहुँचा है
अगली पीढ़ी का भविष्य
क्या होगा कब सोचा है

कुटिल-कुचाली को धरती ने
कभी नहीं स्वीकारा
शापित संचय से शृंगारित
जनम-जनम तक हारा

केवल मानव का चरित्र ही
कालजयी होता है
जिसके सम्मुख अखिल विश्व का
जनमत नत होता है

राजभवन से फुटपाथों तक
लगे मनुज की बोली
तब! कैसी बन्धू दीप मालिका
कैसी तेरी होली।

चौधरी बारिस अली खां 'बारिस'

जन्म : सन् 1904 में कस्बा विसराम, कासगंज, जिला एटा (उ.प्र.) में। आप वकील के रूप में प्रतिष्ठित रहे और विदिशा में मुशायरों एवं कवि सम्मेलनों में सक्रिय रहे। आपकी गिनती उस्ताद शायरों में की जाती है। आपने मुक्तक, रुबाइयाँ एवं राष्ट्रभक्ति के गीत लिखे हैं। विदिशा में सामाजिक सौहार्द्र एवं प्रेम के प्रतीक माने जाते रहे।

ग़ज़ल

किस क़दर मुमताज़ है सारे ज़माने के लिये,
जो ज़बीं है वक़्फ़ तेरे आस्ताने के लिये।

जिसकी बुसअत में है दाख़िल कायनाते हुस्नो इश्क़,
दिल सी शै बख़्शी गई इन्साँ बनाने के लिये।

एक ग़म होता तो मर जाता तेरा बीमारे ग़म,
ग़म पे ग़म बख़्शे गये हैं ग़म भुलाने के लिये।

सारी दुनिया तो समझ बैठी है बेगाना मुझे,
और मैं बेचैन हूँ सारे जमाने के लिये।

शिद्दते ग़म से जो बारिस आँख भर आई कभी,
हँस पड़ा बेसाख़्ता में ग़म छुपाने के लिये।

•

ज़माना करवटें लेता रहा है बेशुमार अब तक,
ये वह सीमाब है आया नहीं जिसको करार अब तक।

मुझे अपने तसव्वुर पर है इतना इकतदार अब तक,
ख़िज़ाँ से भी उठा लेता हूँ मैं लुत्फ़े बहार अब तक।

ब बातिन मेहरबाँ है ये ब जाहिर वह करम गुस्तर,
मुझे अपना समझती है ख़िज़ाँ अब तक बहार अब तक।

अमल पाबंदे आज़ादी हो या आज़ादे पाबंदी,
ज़रा से फर्क को समझा रहा हूँ बार-बार अब तक।

कभी राज़े हकीक़त खुल गया था जोशे वहशत में,
मेरी दीवानगी पर होश होते हैं निसार अब तक।

अज़ीज अज़ जान है शाख़े नशेमन भी मुझे 'बारिस',
कि मेरे आशियाँ का है इसी पर इनहिसार अब तक।

•

निगाहों में समाकर उनकी सूरत दिल नशीं निकली,
कहीं रक्खी गई थी यह अमानत और कहीं निकली।

तुम ही गरदन झुका कर देख लो अपने गरीबाँ में,
मेरे दामन के टुकड़ों में ये किस की आस्तीं निकली।

तुम्हारी ही तलब में खोके सब कुछ पा लिया मैंने,
बड़ी मुमताज़ ज़ौके सजदा रेज़ी में जबीं निकली।

तेरा दामन समझ कर पोंछ डाले अपने सब आँसू,
मगर जब ग़ौर से देखा तो अपनी आस्तीं निकली।

ख़बर यह भी नहीं है ज़ौक़े सजदे में मुझे 'बारिस',
ये किसके आस्ताने पर मेरी जाने हजीं निकली।

विजय नारायण शर्मा
'रज्जन नादाँ'

जन्म : 10 मार्च, 1935 को विदिशा में।
श्री नादाँ उपनाम से ग़ज़ल गीत लिखते थे परन्तु वे विख्यात 'रज्जन' नाम से थे। वे अपने समय के माने हुए गीतकार-ग़ज़लकार रहे। उन्होंने लोकगीत भी लिखे।
रचना : 'विदिशा के बोल' (सं. द्वारकाप्रसाद हृदय)

ग़ज़ल

ज़माने की महफिल में सब हैं पराये,
कहीं भी तो कोई हमारा नहीं है।

मेरे रास्ते का अँधेरा मिटा दे,
फलक में भी ऐसा सितारा नहीं हैं।

जुदाई के तूफाँ, गमों की हिकायत,
करें भी किसी-से तो किसकी शिकायत,

ये क्या वक़्त आया कि सब हैं 'मुखालिफ',
हमारा ही दिल और हमारा नहीं है।

सिलाए मुहब्बत यह हमको मिला है,
कि अरमान दिल की लहद में दफ्न है

मुहब्बत में गम है न ढूँढ़ो मजे को,
खुशी का यहाँ पर गुजारा नहीं है।

मुहब्बत की दुनिया में किस्मत के मारे,
ज़माने के ठुकराये मंजिल के हारे,

तबाही पै दो-चार आँसू बहाये,
मगर उनको यह भी गवारा नहीं है।

मरीजे-मुहब्बत की हालत पै 'नादाँ'
निगाहों को उनकी यकीं हो गया है।

कि तड़पते हुए दिल की बेचैनियों को,
वजुज मेरे कोई सहारा नहीं है।

●

राजकुमार जैन

जन्म : 30 मार्च, 1945 को विदिशा में।
शिक्षा : एम.ए. अंग्रेज़ी, अर्थशास्त्र और राजनीति में तथा एल.एल.बी. व स्टेट बार कौंसिल के सदस्य भी चुने गए थे। बहुमुखी प्रतिभा के धनी थे।

ग़ज़ल

बहुत सँभले हैं कदम फिर भी लड़खड़ाये हैं
आज ही करके हम खुदा की तलाश आये हैं

वो जिनको देख निकली चीख, जुबान भिंची
वो कोई और नहीं हमारे अपने साये हैं

जिनके कन्धों का भरोसा था हमको
उनके रखके कन्धों पर छोड़ आये हैं

वो तो मचले थे हमें भँवर में डुबाने को
ये तो हम हैं जो किनारे पर डूब पाये हैं

ये माथे की लकीरें ये आँखों के घेरे
दिल के जख़्म हैं चेहरे पे उभर आये हैं

कविताएँ

याद तुम्हारी गई न मन से
बरसों बीत गये।
झाड़-पोंछ कर रखी जतन से
बरसों बीत गये।
शापित चट्टानों की सूरत
पड़े है राहों में
अब तक कोई राम न गुजरे
बरसों बीत गये।

●

कमल सिंह 'आदर्श'

जन्म : 3 अगस्त, 1942 को विदिशा में।

कविताएँ : 'आदर्श' की कविताएँ देश-प्रेम और राष्ट्रीयता का संदेश देती हैं। ग़ज़लों के माध्यम से आपने असमानता और गरीबी का चित्रण किया है।

2005 में दिवंगत।

ग़ज़ल

आकर लवों पे रुक गये ज़ज़्बात इन दिनों।
बदले हुए हैं वक़्त के हालात इन दिनों ॥

ज़ख्म दिल में कर रही इस बात का इन दिनों।
अपने ही कर रहे हैं अब घात इन दिनों ॥

कल तलक जो ठहरे थे वो परिन्दे उड़ गये।
धोके-से हो रही है बस घात इन दिनों ॥

राम-रहीम रोटी के चक्कर में डालकर।
हर दिल के गुम किये हैं ख़्यालात इन दिनों ॥

है दिलो-दिमाग में बोझ कुछ इस तरह 'आदर्श'।
चैनों-सुकुन है नहीं दिनों-रात इन दिनों ॥

मालम सिंह

जन्म : 13 अक्तूबर, 1953 को।
प्रकाशन : परसाई की सृजनात्मकता, 'चौराहे पर खड़ा प्रश्न' कहानी-संग्रह, प्रजातंत्र सड़क पर, नुक्कड़ नाटक, यह सदी (कविता संग्रह) एवं अखबारों में टिप्पणी लेखन।
संप्रति : नवोदय विद्यालय में, राजभाषा अधिकारी।
दिवंगत : 28 नवम्बर 2005 को ब्रेनहैम्ब्रेज से भोपाल में आकस्मिक मृत्यु

माँ

माँ पर लिखी कविता—अधूरी
अंतहीन ही कह पाया कहानी में
उपन्यास लिख पाया अर्धसत्य
एक शब्द भी नहीं आगे
माँ से...।

माँ सिर्फ माँ है
आदि भी अंत भी
धरती से आकाश में
बादलों-हवाओं-पंछियों में
नदी-झीलों-झरनों-जंगलात में।

माँ केवल माँ है
विराट में भी और शून्य में भी
माँ से बड़ा नहीं कोई और अलग भी
आकाश-सूर्य-पिण्ड-नक्षत्र-ग्रह-मानव
माँ से आगे नहीं है कोई शब्द
कहानी-उपन्यास-कविता के लिए।

आशीर्वाद

कविता में सक्रिय वरिष्ठ कवि

नर्मदा प्रसाद भावसार
'नर्मदेश'

जन्म : 11 अप्रैल, 1922, विदिशा
शिक्षा : एम.ए., बी.एड., साहित्यरतन
प्रकाशन : प्रलय से प्रणय तक, प्यार हमारा गीत तुम्हारे, अयोनिजा पांचाली, रुकमांगद एकादशी, त्रिपथगा, वैशालिनी संपादन : तरंगिणी (गोवर्धन लाल श्याम), हैरां वचनावली (लल्लू सिंह हैरां), विदिशा के बोल, अंबर के द्वीप।
संप्रति : सेवानिवृत्त सहायक जिला शाला निरीक्षक, स्वतंत्र लेखन।
सम्मान : म.प्र. लेखक संघ का अक्षर आदित्य सम्मान।
पता : धर्माधिकारी गली, भावसार भवन, विदिशा (म.प्र.)

प्रेम गीत

जिसने मुझको कवि बना दिया
वह प्यार तुम्हारा ही तो है।
जबसे नयनों से नयन मिले
तब से ही भाव प्रसून खिले
मैं रह न सका तब मौन प्रिये
बरबस ही मेरे ओंठ हिले
भावों से आ खुद छंद मिले
उपहार तुम्हारा ही तो है

घट-घट में तुमको देख सका
भीतर-बाहर तुम-ही-तुम थे
यों तो सब सुंदर-ही-सुंदर
पर तुम तो सबमें अनुपम थे
मुझको अनुपम का प्यार मिला
उपकार तुम्हारा ही तो है।

कविता की कुंज मनोरम है
रस के निर्झर झरते रहते
जिस रस को पाने जगती-जन
जीते रहते, मरते रहते
कविता की मनहरता क्या है
शृंगार तुम्हारा ही तो है।

इस मधुर रूप की वीणा पर
यौवन का मधु संदेश लिए
तुम सदा दिखाई पड़ती हो
नित-नूतन भावावेश लिए
मन का मृग बंदी बना लिया
अधिकार तुम्हारा ही तो है।

तुम दीपशिखा सी सजग रही
मैं परवाना तिल, तिल, तिल, तिल
हूँ सुलग रहा हूँ बस इसीलिए
रह सकूँ शिखा में ही घुल-मिल
जलने का जो वरदान मिला
आभार तुम्हारा ही तो है।

द्वारिका प्रसाद 'हृदय'

जन्म : 2 अक्तूबर, 1937 को शमशाबाद, विदिशा में।
प्रकाशन : कविता संग्रह—अर्चना के क्षण, दूर्वा, प्रतिक्रियाएँ, परवाज़ छीन न ले एवं पत्र-पत्रिकाओं में कविताओं का प्रकाशन। आकाशवाणी भोपाल से कविताओं का प्रसारण।
संप्रति : शासकीय सेवा से सेवानिवृत्ति के बाद स्वतंत्र लेखन।
पता : प्रज्ञा शमशाबाद, विदिशा (म.प्र.)

आओ तो जरा

ऐसा हो नहीं सकता
कि ढोल पर थाप हो
और आवाज़ न हो
हो ही नहीं सकता/यह
कि डंके पर चोट हो
और वह गूँजे नहीं

फिर भावनाओं पर/चोट तो
गहरी ही होती है/
या प्यार में होकर भी
होती नहीं
जो होती है—गूँजती नहीं

पर जब गूँजती है तो/गुँगाती है
अंधे—देख लेते हैं
बहरे—सुन लेते हैं
मुर्दे—महसूसने लगते हैं
यह जो एक भाषा है

शब्दातीत/अक्षर नहीं
वाक् नहीं

यह जो अहसास है
संप्रेषणाओं का/ संचेतनाओं का
संवेदनाओं का
फुटकर फुटकर स्फुटित
गीत छंदों का
भाव लोक

आओ तो जरा
एक डंका–चोट
अपनी भी हो ले

कविता की गुंग

व्यापती है–कानों में।
अंधे–आकार,
गूंगे–बोल
बहरे–शब्द

शब्द-शब्द प्राप्त होते हैं
एक-एक खण्ड-काव्य
काव्य-बीज; बीज-काव्य
एक-एक महाकाव्य।

प्रिय कवि,
आओ तो,
एक डंका-चोट
जरा अपनी भी हो ले

गंध गढ़याती है
नाक में
यह जो गुँगाती है
कान में
व्यापती है–जीवन में

रचना
जीवन के यथार्थ पर
कला!
कला!! की प्रतिक्रिया।
कविता, (हो, न हो)–
जीवन जरूर है
एक डंका चोट।

विजय बहादुर सिंह

जन्म : प्रतापपुर, अकबरपुर, जिला फैजाबाद में।
शिक्षा : पी-एच. डी. (हिन्दी)। पूर्णकालिक लेखक-आलोचक-कवि। विभिन्न शैक्षिक संस्थाओं के शीर्ष पदों पर रहे। डॉ. साहब ने विदिशा को विभिन्न साहित्यिक विभूतियों से परिचित कराया।
संग्रह : पृथ्वी का प्रेमगीत, कविता और संवेदना (आलोचना), भवानी प्रसाद मिश्र रचनावली।
संपर्क : एम-29, निरालानगर, मौसम कालोनी, भोपाल

सबके कपड़े

विश्वास
एक ऐसी खूँटी है
जिस पर टँगे हैं
सबके कपड़े
उसके भी
जो विश्वासघाती है।

•

सच का चेहरा
इतना बदरंग क्यों है
लज्जित होने जैसी
क्यों है उसकी मुद्रा

आज
वह इतना सकुचा सहमा
सकपकाया हुआ क्यों है
पहले रिहर्सल में

लड़खड़ाते हों जैसे संवाद
सच को
इतनी उलझन में
किसने डाला
क्या बता सकते हो तुम...

माहेश्वर तिवारी

जन्म : 22 अगस्त, 1939 ई., ग्राम मलौली, जनपद बस्ती (उ.प्र.)

शिक्षा : गोरखपुर विश्वविद्यालय से एम.ए. हिन्दी।

व्यवसाय : जैन कालेज विदिशा तथा हिन्दू कालेज, मुरादाबाद में अध्यापन के उपरांत स्वतंत्र लेखन।

प्रकाशन : 'पाँच जोड़ बाँसुरी' में संकलित गीतकार। 'हरसिंगार कोई तो हो' गीत-संग्रह प्रकाशित। गीत और नवगीत के अग्रणी कवि के रूप में ख्याति।

पता : प्रकाश भवन, गोकुल दास रोड, मुरादाबाद (उ.प्र.)

(1)

सारे दिन पढ़ते अखबार;
बीत गया है फिर इतवार।

गमलों में पड़ा नहीं पानी;
पढ़ी नहीं गई सन्त-वाणी;
दिन गुज़रा बिल्कुल बेकार।
सारे दिन पढ़ते अखबार।

पुँछी नहीं पात्रो की गर्द
खिड़की-दरवाजे बेपर्द
कोशिश करके कितनी बार।
सारे दिन पढ़ते अखबार।

मुन्ने का तुतलाता गीत—
अनसुना गया बिल्कुल बीत
कई बार कर के स्वीकार।
सारे दिन पढ़ते अखबार।
बीत गया है फिर इतवार।

(2)

आओ हम धूप वृक्ष काटें।
इधर-उधर हलकापन बाँटें।

अमलतास गहराकर फूले,
हवा नीमगाछों पर झूले,
चुप हैं सब गाँव, नगर, आदमी
हम को, तुम को, सब को भूले

हर तरफ़ घिरी-घिरी उदासी
आओ हम मिल-जुल कर छाँटें।

परछाईं आकर के सट गयी,
एक और गोपनता छँट गयी
हल्दी के रँग-भरे कटोरे—
किरन फिर इधर-उधर उलट गयी

यह पीलेपन की गहराई
लाल-लाल हाथों से पाटें।

आओ हम धूप वृक्ष काटें।

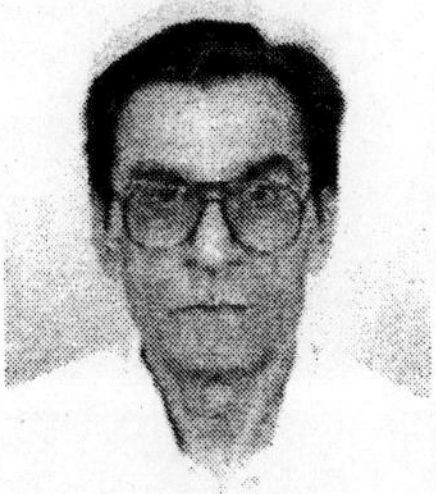

प्रेमशंकर रघुवंशी

जन्म : 8 जनवरी, 1936 जमानी बैंगनिया (म.प्र.)
1962 से 1978 तक विदिशा में रहे।
प्रकाशन : बारह कविता-संग्रह, दो कथा-संग्रह, चार बालोपयोगी संग्रह, दो समीक्षा कृतियाँ और दो संपादन ग्रंथ।
सम्मान : दुष्यंत कुमार पुरस्कार और नवीन सागर पुरस्कार, वागीश्वरी पुरस्कार, आर्यकल्प पुरस्कार, अक्षर आदित्य सम्मान, दिव्य पुरस्कार एवं प्रमोद वर्मा समीक्षा पुरस्कार।
पता : प्रताप कालोनी, (चाल के पीछे) हरदा (म.प्र.)

आपातकाल : लोग, नागिन, दूध और लट्ठ

कल तक लोग जिस कलश को सिर पर धरे
मंगल गीत गाते फिर रहे थे
आज वे सड़क के बीचोंबीच बैठी
नागिन को देखते ही
सब-कुछ वहीं फेंककर भाग आये हैं

ये अपने सिर भी वहीं फेंक आये हैं
वे मंगल गीत भी–
ध्वनियों के गुब्बारे बने
सड़क के पिघले डामर से चिपक गये

इन सभी को सूँघकर–
अपनी बामी में बैठी मुस्करा रही है नागिन
भय से थरथराते लोग

इसी की मान-मनौवल को
घर घर दूध माँगने निकल पड़े हैं

किन्तु मेरे लिए
दूध और लट्ठ में
कोई फर्क नहीं रह गया है अब !!

आदेश सो रहे हैं

शोर मत करो–यहाँ
आदेश सो रहे हैं
जग गये तो गज़ब ढा देंगे

गर्दनें झुकाये चलो
ताकि सड़क को भी लगे कि उस पर
एक शान्त रेला फैल रहा है
जो भी रास्ते में देखा या सुना
घर आकर मत दुहराओ

दुहराने से बात
अंधों के हाथ लगा हाथी हो जाती है
जिसे घर में पालना ठीक नहीं
पालना ही चाहते हो तो–
तोता पाल सकते हो, जो हमें–
बन्द पिंजरे में घूमते रहने की
सही प्रेरणा देता रहे

शोर मत करो
आदेश सो रहे हैं
जाग गये तो कहर ढा देंगे !!

वेणुगोपाल

जन्म : 22 अक्तूबर, 1942।

शिक्षा : एम.ए., पी-एच.डी., साहित्य रत्न (साहित्य और दर्शनशास्त्र)।

प्रकाशन : तीन कविता-संग्रह और एक समीक्षा-पुस्तक प्रकाशित। थियेटर में सक्रिय श्री ब. व. कारंत नाट्य गुरु। अभिनय और निर्देशन में पैंतीस वर्षों का अनुभव। खेलों और फिल्मों में रुचि। कहानियाँ, नाटक आदि का लेखन। कुछ वर्षों विदिशा में रहकर साहित्य सृजन।

सम्प्रति : पत्रकार।

उड़ते हुए

कभी
अपने नवजात पंखों को देखता हूँ
कभी आकाश को
उड़ते हुए
लेकिन ऋणी मैं फिर भी
ज़मीन का हूँ।
जहाँ तब भी था—जब पंख ही न था
तब भी रहूँगा जब पंख झर जाएँगे।

देखना और सुनना

देखने के नाम पर
मेरे पास सिर्फ वह अँधेरा है
जो बढ़ता ही चला जा रहा है

लेकिन सुनने के नाम पर

ढेर सारी किलकारियाँ हैं
घुटनों के बल
खिसक-खिसक कर आते हुए बच्चे की।

मैं
जो कुछ भी देख पा रहा हूँ
वह आज है।
लेकिन जो सुन रहा हूँ
वह आने वाला कल है।

खतरे

खतरे पारदर्शी होते हैं।
खूबसूरत।
अपने पार भविष्य दिखाते हुए।

जैसे छोटे-से गुदाज़ बदन वाली बच्ची
किसी जंगली-जानवर का मुखौटा लगाये
धम्म से आ कूदे हमारे आगे
और हम डरें नहीं। बल्कि देख लें
उसके बचपन के पार
एक जवान खुशी
और गोद में उठा लें उसे।
ऐसे ही कुछ होते हैं खतरे।
अगर डरे तो खतरे और अगर
नहीं तो भविष्य दिखाते
रंगीन-पारदर्शी शीशे के टुकड़े।

बटुक चतुर्वेदी

जन्म : 4 मई, 1933 को विदिशा में।
शिक्षा : हाई स्कूल तक विदिशा में।
लेखन : अब तक 11 कृतियाँ प्रकाशित। मध्य प्रदेश लेखक-संघ के प्रदेश अध्यक्ष। दोहों-गीतों से लेकर विभिन्न शैलियों में लिखते रहे हैं। कहानी-संग्रह भी प्रकाशित।
संप्रति : जनसंपर्क विभाग में निदेशक के पद से सेवानिवृत्त।
पता : 14/08 परीपार्क कालोनी, शाहजहाँनाबाद, भोपाल (म.प्र.)

दे उजाला दूसरों को

दूसरों के लिए जो जीता यहाँ पर,
गीत उसके पीढ़ियाँ गाती रही हैं।

जो द्रवित होता परायी-पीर को सुन,
वह मनुज अनगिन-मनुष्यों से बड़ा है।
जो स्वयं जल, दे उजाला दूसरों को,
वह दिया तो आरती-से भी बड़ा है।

दूसरों के आँसुओं को पोंछता जो,
खुशी उसके द्वार से जाती नहीं है।

जो निरंतर आँधियों में जला करता,
वह दिया तूफान से ज्यादा बड़ा है।
जो निरंतर अभावों से लड़ा करता,
वह तपस्वी से बहुत ऊपर खड़ा है।

जो निरंतर जूझता है आँधियों से,
सफलता उस तक सदा आती रही है।

जो सतत अन्याय से लड़ता यहाँ पर,
वह मनुज तो देवता से भी बड़ा है।
राई-सा छोटा भले जो सच मगर वह,
हिमालय-सी झूठ से ज्यादा बड़ा है।

जो डगर सच ने बनाई हो, जतन से,
वह असत् के द्वार तक जाती नहीं है।

जो कला की साधना में होमता तन,
साधकों में शीर्ष पर होता खड़ा है।
जो हृदय को जीत ले, दो शब्द लिखकर,
वही रचनाकार दुनिया में बड़ा है।

जो लुटाता प्यार की खुशबू सभी पर,
राह उसको कभी भटकाती नहीं है।

प्रमोद पांडेय

जन्म : 1954 ई., सिरोंज, विदिशा में।
शिक्षा : भोपाल विश्वविद्यालय से एम.ए., पी-एच.डी. हिन्दी। विदिशा के जैन कालेज में अध्ययन किया। कुछ समय इसी कालेज में प्राध्यापक भी रहे।
व्यवसाय : राजकीय महाविद्यालय नरसिंहगढ़ में कार्यवाहक प्राचार्य पद पर कार्यरत।
प्रकाशन : पत्र-पत्रिकाओं में अनेक कविताएँ, ग़ज़लें और समीक्षाएँ प्रकाशित।
पता : ई-245, मीनाल रेसीडेंसी, राज स्टेट रोड, भोपाल।

कुछ इस तरह से चाक गरेबान कर गया
जितने खड़े थे सबको परेशान कर गया
फुटपाथ पर बिछी हुई चादर के आसपास
एक खोटा-सिक्का डाल के एहसान कर गया
तूफ़ान जो उठा था अभी आँधियों के बाद
वो इक सिरे से बस्तियाँ वीरान कर गया
हाथों में उनके जलती मशालों को देखकर
मंजिल न पा ले कारवाँ फरमान कर गया
वह शख्स जो मिला था फटेहाल था मगर
मजलिस में सारे लोगों को हैरान कर गया
कहते हैं उनकी आँख में तेजाब डालकर
ये काम कोई दूसरा शैतान कर गया
अपनी हथेलियों में अँधेरे को भींचकर
अंधी गुफा में आग का ऐलान कर गया
उसने लिया है काम सियासत से मेरे यार
शहर-ए-मुरादाबाद को श्मशान कर गया
ऐसा भी वक्त आया है गर्दिश के दौर में
अपने ही घर कई दिनों रमजान कर गया
इस मुल्क में देखो तो तरक्की के नाम पर
मेरे वतन को कौन बियाबान कर गया

महेश संतोषी

जन्म : 14 नवंबर, 1934 को भिण्ड (म.प्र.) में।
शिक्षा : लखनऊ विश्वविद्यालय से एम.कॉम, रविशंकर विश्वविद्यालय रायपुर से सहकारिता में पी-एच. डी.। छठे दशक की हिन्दी कविता के सशक्त हस्ताक्षर।
पुस्तकें : हरीयादें, 'घाटियाँ दर्द की', 'धूप हथेलियों की', 'पावस गीत', 'अलविदा बीसवीं सदी', 'औरत होने की सज़ा'। धर्मयुग, साप्ताहिक हिन्दुस्तान में छपे, गीतकार की पहचान के साथ उभरे।
संप्रति : सेवानिवृत्त मैनेजिंग डायरेक्टर, ऐपेक्स बैंक, भोपाल
पता : ई-72/284 अरेरा कॉलोनी, भोपाल (म.प्र.)

चार फूल काफी हैं

याद भूल जाने को एक उम्र कम है, पर
एक भूल काफी है उम्र भर रुलाने को
एक साँस जीवन में एक बार आती है,
बार-बार लेकिन क्यों आँख डबडबाती है?
मनचाहा आँचल तो मुश्किल से मिलता है
इसीलिए आँसू को धूल बहुत भाती है,
रूप के बढ़ाने को लाख फूल कम हैं पर
चार फूल काफी हैं अर्थियाँ सजाने को
कुछ तो मन मृगजल के पीछे भरमाता है
कुछ मन का मेघों से मरुथल-सा नाता है,
आशा ही आशा में होठ सूख जाते हैं—
कौन बुझे प्राणों की प्यास बुझा पाता है,
प्राण-दान पाने को बूँद-बूँद मुश्किल, पर
एक बूँद काफी है जिंदगी डुबाने को,

प्रातः कब हँसता है, साँझ कब रुलाती है,
किस-किस से साँसों की कथा लिखी जाती है,
समय सभी घावों को पूर नहीं पाता है
दबी हुई पीड़ा भी उभर-उभर आती है,
दर्द के मिटाने को सौ-सौ सुख कम हैं, पर
एक दर्द काफी है लाख सुख भुलाने को।

बीमारियाँ

बीमारियाँ अब छोटी-बड़ी हुण्डियाँ
बन गई हैं
और ज़िंदगियाँ बड़ी-बड़ी
बीमारियों में बदल गई हैं
मैं बिना उपचार के हूँ
क्योंकि
एक बीमार सभ्यता, समाज
और संस्कृति की
बहुत-सी बीमारियाँ
मेरे साथ जुड़ गई हैं।
और उपचार के लिए
लंबी-लंबी देनदारियों
ने उपचार की जवाबदारियों
को सरेआम निगल लिया है।

मैं, बिना उपचार के हूँ
क्योंकि अब तो
जन्म से ही बीमारी बेची
और खरीदी जा रही है
बिना किसी खर्चे के अब।

रघुनंदन प्रसाद
श्रीवास्तव 'नंदन'

जन्म : 24 जुलाई, 1931 को विदिशा में।
शिक्षा : बी.ए. 'साहित्य रत्न' उच्च श्रेणी शिक्षक पद से सेवानिवृत्त।
प्रकाशन : जीवन सरिता (कविता संग्रह)
पत्ता : म. नं. 502, दुर्गा नगर, विदिशा (म.प्र.)

ग़ज़ल

जो तुम आये बहारों ने बिछाए फूल राहों में।
सिमटकर आ गईं खुशियाँ अचानक मेरी बाँहों में ॥

तुम्हीं को देखकर कलियों ने अपने सिर झुकाये हैं।
बहकती है पवन चंचल यूँ भरकर तुम को बाँहों में ॥

तुम्हारे बदन की खुशबू से गलियाँ भी महक जाती।
ख़िजां में फूल खिल जाते जो तुम आते हो बागों में ॥

तुम्हारी हर अदा पर मुग्ध हो ऋतुराज आता है।
झूम उठती है हर डाली महकली मधु बयारों में ॥

तुम्हारी मदभरी चितवन हृदय बेचैन कर देती।
चुरा लाई गुलाबी रंग फूलों का शर्माये-से गालों में ॥

कालूराम 'पथिक'

जन्म : 21 जून, 1937 को विदिशा में।

1952 से साहित्य-परिषद् से जुड़े। सन् 1957 से निरंतर लेखन की ओर अग्रसर। मूलतः गीतकार। 'समवेत' में उनकी रचनाएँ भी संकलित हैं।

लेखन : पत्र-पत्रिकाओं में प्रकाशन के साथ आकाशवाणी से गीत प्रसारित।

संप्रति : स्कूल शिक्षा विभाग में अध्यापन के बाद सेवानिवृत्त। अब स्वतंत्र लेखन।

पता : दुर्गा चौक मार्ग, नगरपालिका के पीछे, विदिशा।

अब हमें लंगर उठाना ही पड़ेगा

(1)

कह रहे थे तुम किनारे ले चलेंगे
धार में लाकर खड़ी क्यों नाव कर दी
अब हमें लंगर उठाना ही पड़ेगा।

कर लिया था हवा पर विश्वास हमने
क्योंकि उससे बात मिलती थी तुम्हारी
बादशाहों की जगह प्यादे जमे हैं
चाकरी अच्छी करी तुमने हमारी!

हम खड़े नीचे फिरें मनुहार करते
और ऊपर चल रहा शासन तुम्हारा
प्रार्थना तक पर लगाया है नियंत्रण
थोप देते सिर हमारे दोष सारा!

आँसुओं पर हँस रही हैं आज आँखें
और तुम अंजन लगाना चाहते हो
अब तुम्हें दर्पण दिखाना ही पड़ेगा!
अब हमें लंगर उठाना ही पड़ेगा!

(2)

कौन करता है यहाँ चिंता चमन की
शाख के कुछ फूल बागी हो रहे हैं
मोल माटी के यहाँ श्रद्धा बिकी है
ओढ़कर चादर पहरुए सो रहे हैं!
डर नहीं लगता शिकायत में हमें पर
सुन सकोगे तुम मुझे विश्वास कम है
छोड़ दो तुम बात फूलों की बताओ
हर कली की आँख फिर क्यों आज नम है।
प्रश्न का उत्तर नहीं है पास कोई
बस समस्याएँ नई तुम गढ़ रहे हो
धार में तुमको बहाना हीं पड़ेगा!
अब हमें लंगर उठाना ही पड़ेगा।

(3)

तुम हमारी कल्पनाएँ तक कुचल दो
हमें रोने की इजाज़त भी नहीं है
किसी भी अन्याय को कर दें समर्पण
यह हमारे गाँव की आदत नहीं है।
छोड़ दें कैसे बिना अंकुश तुम्हें हम
क्योंकि प्यासे का कलश तुम फोड़ देना चाहते हो
रूप जो तुमको दिखाता है तुम्हारा
एक दर्पण है उसे भी तोड़ देना चाहते हो।
छा रहा चारों तरफ गहरा अँधेरा
हाथ तक पहचानना मुश्किल हुआ है
रात है दीपक जलाना ही पड़ेगा।
अब हमें लंगर उठाना ही पड़ेगा!

जन्म : 14 मई, 1946 को विदिशा में।

लेखन : 'शब्द' कविता-संग्रह प्रकाशित। काव्य-जगत की हर विधा पर उनकी लेखनी चली है।

पता : 85, लालाजी की गली, बालकदास की तलैया, विदिशा (म.प्र.)

वल्लभ आर्य 'कामिल'

हिन्दी-वन्दना

इस देश की भाषा हिन्दी है।
किन्तु अन्य भाषाओं पर भी नहीं यहाँ पाबन्दी है।

हिन्दी यदि रानी है तो सब इसकी सखी-सहेली हैं,
भारत के आँगन में सब की सब हिल-मिल कर खेली हैं,
भाषा को लेकर लड़ने की बात बहुत ही गन्दी है।
इस देश की भाषा हिन्दी है।

जैसे हम सब आपस में भाई-भाई हैं, ग़ैर नहीं,
वैसे हिन्दी को भारत की भाषाओं से बैर नहीं,
हिन्दी तो बस एक मात्र अंग्रेज़ी की प्रतिद्वन्द्वी है।
इस देश की भाषा हिन्दी है।

क्षुद्र-स्वार्थ के वश है अब तक अंग्रेज़ी से प्यार तुम्हें,
हे 'मम्मी-डैडी' कहलाने वालो! है धिक्कार तुम्हें,
सिर्फ तुम्हारे कारण हिन्दी, अंग्रेज़ी की बन्दी है।
इस देश की भाषा हिन्दी है।

अब अंग्रेज़ी के प्रभुत्व से निज-मन का उद्धार करो,
दैनिक कामों में अधिकाधिक हिन्दी का व्यवहार करो,
अंग्रेज़ी-अनुराग सुनिश्चित परम्परा जयचन्दी है।
इस देश की भाषा हिन्दी है।

भावों की अभिव्यक्ति हेतु हिन्दी वैज्ञानिक भाषा है,
'जैसा लिखो, पढ़ो वैसा ही', यह इसकी परिभाषा है,
इसीलिए हिन्दी, भारत-माँ के माथे की बिन्दी है।
इस देश की भाषा हिन्दी है।

'कामिल', सरल, सुबोध, मधुर, मोहक, हिन्दी जन-कल्याणी,
दयानन्द, गाँधी से पूजित, राष्ट्र-देवता की वाणी,
तुलसी की गंगा है तो रसखान की यह कालिन्दी है।
इस देश की भाषा हिन्दी है।

घनश्याम मुरारी श्रीवास्तव 'पुष्प'

जन्म : 30 मार्च, 1942 मल्हारगढ़ (गुना), म.प्र.।
शिक्षा : बी.ए. (मेरिट में तृतीय), एम.ए. (समाजशास्त्र)
प्रकाशन : शंखनाद, दुनिया के बाजार में (कविता-संग्रह), चलो साथियो बढ़ो साथियो, मुझे सुनाती मेरी नानी (बाल कविता संग्रह), पंचतंत्र (काव्यानुवाद)। आकाशवाणी दूरदर्शन से रचनाएँ प्रसारित। प्रमुख पत्र-पत्रिकाओं में रचनाएँ प्रकाशित। म. प्र. माध्यमिक शिक्षा मंडल के पाठ्यक्रम में रचना शामिल।
संप्रति : शिक्षक, पंचायत निरीक्षक के पद के बाद सेवानिवृत्त। अब स्वतंत्र लेखन।
पता : 233, हरीपुरा, विदिशा (म.प्र.)

बंद दरवाजे

मेरे घर में खुशी का आना जाना नहीं है
अब
हम अपना ड्राइंग रूम, आधुनिकतम साजो-सामान से
कलात्मक तरीके से सजाये रहते हैं,
स्वागत भी किया जाता है गरिमामय
आने वालों का।
झगड़ा या मनमुटाव भी नहीं हुआ शायद
रूठने का कोई कारण नहीं
हम जब भी उसे बुलाते हैं, ओठों पर मुस्कान चिपकाकर
वैभव के बीच
वह सामने से निकलकर चली जाती है
हमारे एयरकण्डीशनर ड्राइंग रूम की साज-सज्जा छोड़
बैठ जाती है जाकर टूटी-सी चारपाई पर बेहिचक
पड़ोसी के घर
हम अपनी चिर-परिचित वैभववान उदासी के साथ
सुन रहे होते हैं, उन्मुक्त ठहाकों की आवाजें

वह बड़े मजे-से पी रही होती है, मटके का ठंडा पानी,
हम सोचे रहे होते हैं अपने फ्रिज के बारे में
मेरी बीवी हीरे जवाहरात के जेवर पहने
सोच रही होती है पड़ोसन के बारे में
बेचारी! काँच की दो-दो चूड़ियाँ पहने
और खुशी के बारे में
धीरे-धीरे हमारे आलीशान घर में
वे भी आना बंद कर रहे हैं
जो हमजोली हैं खुशी के
हम बंद कर लेते हैं दरवाजे अपने सुन्दर फ्लैट के
ओठों पर मुस्कराहट चिपकाये
भीतर के कमरे में जाकर लेट जाती है
उदासी।

बृजकिशोर शर्मा 'बिरजू'

जन्म : 28 जनवरी, 1933 को सिरोंज में।
'बिरजू' नाम से चर्चित ख्यातिलब्ध, मूर्धन्य रचनाकार। म.प्र. संस्कृति विभाग द्वारा कवि सम्मान कवि को कवि की ही धरती पर सन् 2005 में।
संप्रति : शिक्षक पद से सेवानिवृत्त।
पता : महाराणा प्रताप मार्ग, हाजीपुर सिरोंज (म. प्र.)

परिवार नियोजन पर

जैसेइ कहते हैं हम, के भैया मोड़ा-मोड़ी कम,
लाख तरैयाँ आसमान में टिम टिमाटिम
एकई चंदा आसमान में चम चमाचम चम
जैसेइ कहते हैं हम के भैया मोड़ा-मोड़ी कम।
कि भैया मोड़ा-मोड़ी कम।

बिन बैयर घर सूनो

चाहे जितनो करो उजेरो लगे अमाउस पूनो
लीपे-पोते ढिगें लगावे, चौक पूरती नूनो
जा दिन से बा सरग सिधारी घर बाबा का धूनो
काश्मीर की कलियाँ देखीं, फिर आये जम्मू नो
बाकी बैरें एक न भायीं ऐसो विकट नमूनो
नार परायी है दुखदायी महापाप है छूनो
अपनी नारी परम-पियारी, पियार कियो दिन दूनो
सकल चराचर भव-भव सागर राम करे न ऊनो
चार लाख चौरासी योनी, बिरजू एक चिनूनो

प्रभात जैन

जन्म : 15 सितम्बर, 1936 को सिरोंज (म.प्र.) में।

सम्मान : म. प्र. सरकार के संस्कृति विभाग द्वारा कवि का सम्मान कवि की धरती पर 2005 के लिए।

संप्रति : शिक्षा-विभाग से 1996 में सेवानिवृत्ति के उपरांत निःशुल्क हिन्दी भाषा का शिक्षण। 1956 से कवि के रूप में प्रसिद्धि।

लेखन : 'पाँच सौ गीत', 'रिमझिम', 'गर्जना', 'अनेकांत' आदि काव्य संकलनों में कविताएँ प्रकाशित व 'आकाशवाणी' से कविताओं का प्रसारण। अन्य विधा समीक्षा व लेख भी लिखे।

पता : राव जी पथ सिरोंज, जिला विदिशा (म.प्र.)

मेरे घर का तो आँगन बाँट दिया

कैसे कर लूँ विश्वास तुम्हारी भाषा का,
जब चीर हरण हो रहा देश की आशा का,
हो गई तुम्हारी हठधर्मी पूरी लेकिन—
मेरे घर का तो आँगन बाँट दिया।

खो गई शांति की दुलहन इस कोलाहल में
अस्तित्व नहीं है शेष तिमिर के ढलने का,
रह गया दिखावा और सिर्फ विज्ञापन ही
सब सीख रहे हैं ढंग सत्य को छलने का,
कैसे मानूँ वरदान तुम्हारे सृजन को,
आश्वासन के झूठे-फीके इस गर्जन को,
अब मस्त गुलाबों की बगिया से क्या होगा—
मेरे घर का तो मधुवन बाँट दिया।

फुफकार रहे हैं नाग द्रोह के जहरीले
हम खोज सके जिनका कोई उपचार नहीं,

निश-दिन होता है चीरहरण सीमाओं का
जिनका विरोध पत्रों से, पर उपचार नहीं,
किस पथ पर दौड़ा है विकास का रथ बोलो,
क्या यही नया परिवेश, जरा आँखें खोलो,
फूलों-कलियों की रस भीनी तरुणाई को–
केवल अभाव दीमक ने चाट लिया।

संस्कृति का सूरज छिपा विदेशी कोहरे में
साहित्य खो गया–सुविधाओं के चेहरे में,
नवयुग की किरणें भ्रष्ट और हो गईं पतित
संकल्प सुनहरे डूब चुके हैं गहरे में,
खोने-पाने की एक तराजू पर तोलो,
कितना अन्तर है दोनों में सच-सच बोलो,
यह खूब किया शृंगार देश की प्रतिमा का–
मंदिर का आँगन तक बाँट दिया।

राजकमल वाजपेयी

शिक्षा : स्नातक शिक्षित होकर न्यायालय में कार्यरत रहे।
प्रकाशन : साप्ताहिक हिन्दुस्तान सहित अन्य पत्र-पत्रिकाओं में छपने वाले वाजपेयी मुक्तक शैली में लिखने के लिये जाने जाते हैं।
पता : शेरपुरा, विदिशा (म.प्र.)

योग्य-अयोग्य

सभी योग्यताएँ होते हुए भी
उनको
चयन-समिति ने
महाविद्यालय में हिन्दी पढ़ाने के लिए
इसलिए अयोग्य घोषित कर दिया था
क्योंकि
उन्होंने अंग्रेज़ी में पूछे गये
प्रश्नों का उत्तर
हिन्दी में दिया था।

साम्य

यमराज
और डाक्टरों में
यह बात समान है
कि दोनों में
इंसानों को
स्वर्गीय बनाने की क्षमता
विद्यमान है।

चुनाव

तू-तू
मैं-मैं
भौं-भौं
हाँव-हाँव
काँव-काँव
खाँव-खाँव
और आपसी तनाव
यानी
आजकल के चुनाव।

राजनीति

छल
कपट
धोखा
फरेब
और अनीति
यानी
आजकल की राजनीति।

नेता

सबका मूड
ऑन का हो जाता है ऑफ
यानी
हमारे देश का
नेता-भाई साब।

प्रेरणा

नये रचनाकारों की ऊर्जा

मनोहर 'युगेन'

जन्म : 2 जुलाई, 1940 को विदिशा में हुआ।
'युगेन' की ख्याति शिक्षक, कवि और चित्रकार के रूप में हुई।
लेखन : अनेक विधाओं में लेखन; लेखन में दार्शनिकता, चिंतन की गहराई पाई जाती है। पत्र-पत्रिकाओं में रचनाओं का प्रकाशन।
संप्रति : शिक्षक के पद से सेवानिवृत्त।
पता : 129 'काव्या', श्री बालाजी मंदिर, अंदर किला, विदिशा (म.प्र.)

ग़ज़ल

उसने हर बात सच कही होगी
जान प्यारी नहीं रही होगी

डूबती इस सदी के सीने पर
एक चट्टान-सी धरी होगी

कोई घटना का चश्मदीद नहीं
जानकारी किसे नहीं होगी?

पाँच फाँकों पे हँस रहे बच्चे
कोई जादूगरी रही होगी

चलो पूछेंगे संविधानों से
कोई सूरत गढ़ी गई होगी

जिस्म बेचा है एक रीता ने
जाने क्या बेवसी रही होगी।

मनोहर

मुझे बरतो जैसे
काँच की कीमती कलाकृति
मैं तुम्हें अपने दोस्त
सूरज से मिलवाऊँगा
वह तुम्हारा चूल्हा भी जला देगा

मुझे छुओ जैसे
फूल की पँखुरी
रूप-रस-गंध से भर दूँगा तन-मन

मुझे पढ़ो जैसे
मेरी कविता
जिसे मैंने कलम तक
आने से पहले पढ़ा है
तुम्हें ढाई-आखर से मिलवाऊँगा

मुझे ऐसे बरतो, छुओ-पढ़ो
मैं तुम्हारी नंगी हथेली पर
पृथ्वी नचाऊँगा

फिर मिलूँगा
उसी राजमार्ग के किनारे
जहाँ गुजरता जुलूस
सत्यमेव जयते!
तमसोमाज्योतिर्गमय!!

शीलचन्द पालीवाल

जन्म : 3 जनवरी, 1942 को ललितपुर (उ.प्र.) में। हरिप्रसाद 'हरि' के जैन कवि-परिवार के घर पैदा हुए।
शिक्षा : प्रारंभिक शिक्षा ललितपुर में, बनारस हिन्दू कालेज, व सागर विश्वविद्यालय से पी-एच. डी.। 1965 से जैन कालेज, विदिशा में प्राध्यापक, हिन्दी विभागाध्यक्ष के पद से सेवानिवृत्ति।
संप्रति : स्वतंत्र लेखन।
पता : गायत्री मंदिर के पास, विदिशा (म.प्र.)

दहेज-हत्या एक अभिशाप

वह गरीब की बेटी थी
लिए हाथ सें सासो डंडा ननदी केश चपेटे थी
बेचारी असहाय पड़ी थी वह किस्मत की हेटी थी
घन पिशाच के हाथ तेल का डिब्बा दियासलाई थी
केवल इतना ही कुसूर था वह गरीब की बेटी थी
केवल इतना ही...

कहा प्राण की भिक्षा दे दो अबके मायके जाऊँगी
पुत्र कोख में, शपथ इसी की, बाकी रुपया लाऊँगी
बोली सास कि झूठी, मक्कारिन यह कहकर पहले ही—
गई मायके, लौटी खाली हाथ, सजा दिलवाऊँगी
चाँटों की बरसात गाल पर बनी लक्ष्मी चेटी थी
केवल इतना ही...

बोला ससुर कि बतला कुलटा कैसे पैर हुआ भारी
तेरे कारण कुल की इज़्ज़त मिली धूल में ही सारी
बेटा मेरा रूठा था तो कैसे संभव हो सकता?

कुल कलंकिनी बतलाता हूँ तू कितनी पापिन नारी
बेगुनाह हूँ, ईश्वर साक्षी, चरणों में वह लेटी थी
केवल इतना ही...

क्रुद्ध ससुर ने घासलेट उस देहलता पर छितराया
दियासलाई की काढ़ी से होली जैसा दहकाया
धू-धूकर वह जली सुहागिन भारत की सीता-रानी
किंतु रपट में काला-धन, स्टोव ढाल बन कर आया
लिखा हुआ था लापरवाहिन ढीला वस्त्र लपेटी थी
केवल इतना ही...

देख रहे हैं सभी तमाशा इस दहेज की होली का
दिखता नहीं असर कोई भी करुण स्वरों की बोली का
कैसे रस्म रिवाज देश के सात-वचन धोखेबाजी
मूल्य नहीं कुछ रहा धर्म-अनुमोदित कुंकुम रोली का
चिता-भस्म अबला नारी का उजड़ा भाग्य समेटे थी
केवल इतना ही...

जगदीश श्रीवास्तव

जन्म : 15 नवम्बर, 1937।
शिक्षा : एम.ए. (साहित्यरत्न) बी.एड.।
प्रकाशन : दो कविता-संग्रह—शहादत के हस्ताक्षर एवं जलते हुए सवाल, नवगीत एकादश में गीत संकलित। शीर्षस्थ पत्र-पत्रिकाओं में एवं आकाशवाणी, दूरदर्शन से गीतों का प्रसारण। पत्रिका 'संघमित्रा' के संपादक। 'संघमित्रा' प्रकाशन के संचालक।
संप्रति : व्याख्याता पद से सेवानिवृत्त। साहित्यिक गतिविधियों में सक्रिय।
पता : गुप्तेश्वर मंदिर के सामने, अंदर किला, विदिशा।

गीत

भीतर-भीतर जो टूटे हैं
उनके नाम लिखो
मेहनत, खून, पसीना सारा
उनके नाम लिखो

(1)

अंगारों पर चलकर जिसने
उमर लुटाई है
धरती बनी बिछौना उसकी
यही कमाई है
मुट्ठी-भर आकाश नहीं है
उनके नाम लिखो

(2)

सूख गये गालों पर आँसू
बचपन गाता है
पीड़ा का सागर आँखों में
जब लहराता है
रोटी के सपने हाथों में
उनके नाम लिखो

(3)

जो गुड़ियों से खेल न पाई
हाथों में छाले
निकली घर से लोग चुभाते

नज़रो के भाले
खिलने से पहले मुरझाई
उनके नाम लिखो

(4)

अनब्याहे सपनों की डोली
रखे हथेली पर
मेहँदी लाली लिखती
जलते गीत हवेली पर
लाश न लौटी घर में जिसकी
उनके नाम लिखो।

वतन के लिये

हम जिएँ तो वतन के लिए
हम मरें तो वतन के लिए

जान देकर बचा ही लिया
खून देकर चमन के लिए

जैसे काँटों पे शबनम खिले
आपकी अंजुमन के लिए

माँ की ममता जिसे मिल गई
जान दी इक वचन के लिए

फूल-सा प्यारा कश्मीर है
हम बचाएँ, अमन के लिए

भाई अपना ही दुश्मन बना
सर कटाएँ वतन के लिए

यह भी तय है झुकेंगे नहीं
दिल मिलाओ अमन के लिए।

युगल श्रीवास्तव

जन्म : 2 दिसम्बर, 1939 ग्वालियर।

मूलतः गीत और ग़ज़लकार हैं।

लेखन : कविताएँ पत्र-पत्रिकाओं में प्रकाशित। आकाशवाणी से गीतों का प्रसारण। गीत-संग्रह 'सुबह होने तक' 1986 में दिल्ली से प्रकाशित।

संप्रति : सेवानिवृत्त चल टिकिट निरीक्षक लेखन और सृजन जारी।

पता : बी. टी. आई. रोड, शेरपुरा, विदिशा (म.प्र.)

नवगीत

बाँसुरी पर हाथ मत रखो
बजने दो साँसों के स्वर
आरोह-अवरोह पर...

खुशियों के अन्तराल में
वेदना के शब्द घुल रहे
सिसकनों की मिजराब से–
रागनी के कण्ठ खुल रहे...
तारों से काँपते अधर
मत चूमो आखिरी पहर...

आँखों से आँसू ले विदा
उतरे उदास गाल पर
नीड़ में ज्यों पंख छोड़कर–
पंछी आ बैठे डाल पर...
पागल-सी घूमती नजर
सपनों के साथ बेखबर...

अग्नि-परीक्षा न लो
गिड़गिड़ाई छाँव धूप से
वैसे भी घटने को है–
आइने की उम्र रूप से...
फूलों में जानबूझ कर
जाने क्यों आ गए इधर...

गीत

मेहँदी और महावर का रंग
जब तक चढ़ता रहा नजऱ में
हर बिंदिया सूरज लगती थी

हर मुखड़ा चंदा दिखता था
जीवन की संध्या से पहले
डूब गई दोपहरी आकर
मन समाधि ले बैठा ऐसा
जैसे साधू-संत हो गया
रंग-रूप का अंत हो गया।

अमृत वाले ओंठ मिले थे
गाते गीत अमर हो जाते
आकर्षित थे मौसम ऐसे
पागल फूल भ्रमर हो जाते
पतझर क्या बहार में ही अब
रोगी-पीत बसंत हो गया
रूप-रंग का अंत हो गया।

हर खिड़की इंगित करती थी
द्वार-द्वार पर सम्मोहन था
चढ़ी उमर की छत से अक्सर
झाँका करता हर यौवन था
कोलाहल वाली बस्ती का
सूना-सूना पंथ हो गया
रूप-रंग का अंत हो गया।

आँसू की यमुना में डूबे
काजल-कुंकुम चूड़ी-कंगन
क्या छेड़ें बेसुरी बाँसुरी
उजड़ गया अपना वृंदावन
गीत-राग हो गया जोगिया
शब्द-शब्द विषदंत हो गया
रूप-रंग का अंत हो गया।

निसार 'मालवी'

जन्म : 15 मई, 1946 को विदिशा में।
शिक्षा : एम.ए., बी-एड.।
मूलतः शायर-शायरी तीस-सालों तक, उस्ताद मरहूम चौधरी वारिस अली खाँ साहब 'वारिस' की रहनुमाई में।
आकाशवाणी से आल-इंडिया मुशायरे और दूरदर्शन से रचनाओं का प्रसारण।
संप्रति : अध्यापन।
पता : बड़ा बाज़ार, आर्य-मंदिर के पास, विदिशा (म.प्र.)

ग़ज़ल

खुशी हो या के ग़म हो हर फसाना भूल जाता है
ज़रा सी देर होते ही ज़माना भूल जाता है।

ये इन्सां कितना नाशुक्रा है जिसने ज़िंदगी दी है
उसी के सामने सर को झुकाना भूल जाता है।

मेरा दिल भी किसी मासूम बच्चे की तरह से है
ज़रा सी देर में हँसना हँसाना भूल जाता है।

मैं उसकी इस अदा पर ही तो अब तक मेहवे-हैरत हूँ
निगाहें जब मिलाता है झुकाना भूल जाता है।

मुहब्बत ऐसी शै है जो मुहब्बत से ही मिलती है
बस इतनी बात को ज़ालिम ज़माना भूल जाता है।

मैं उसको बेवफ़ा समझूँ तो आख़िर किस तरह समझूँ
वो वादा रोज़ करता है निभाना भूल जाता है।

'निसार' एक तुम हो आधी रात तक भी घर नहीं आते
परिन्दा भी कहीं अपना ठिकाना भूल जाता है।

•

वो पहली पहली नज़र तुम्हारी खिली-खिली-सी गुलाब जैसी
किसी मुसव्विर की शाहकारी ग़ज़ल की पहली किताब जैसी

तुम्हारी नज़रों से दूर रहकर मुझे लगे है यूँ ज़िंदगानी
अधूरे शायर का शेर जैसे, अधूरे ख़त के जवाब जैसी

ये दौरे हाज़िर की तल्ख़ियों को न पूछ हमसे न पूछ हमसे
कटी हमारी तो ज़िंदगानी सबाब जैसी अज़ाब जैसी

खुमार आलूदा तेरी नज़रे अजीब मंज़र दिखा रही हैं
हमारी साँसों से आ रही है तेरे लबों की शराब जैसी

तमाम रंगीनियाँ समो कर तमाम रानाइयाँ मिलाकर
बनाने वाले ने क्या बनाई· तुम्हारी सूरत गुलाब जैसी

जन्म : 6 मार्च, 1949 को हुआ। आपने छात्र जीवन से ही कविता-लेखन अपनाया।

लेखन : 'सहर' ने गीत, ग़ज़ल, कविता-लेखन में प्रसिद्धि प्राप्त की है। आकाशवाणी से रचनाओं का पाठ हुआ है। काव्य-पाठ आपकी विशेषता है।

संप्रति : शाखा-प्रबंधक, जिला सहकारी बैंक, रायसेन के पद पर पदस्थ हैं।

पता : 73, रामद्वारा कालोनी, विदिशा (म.प्र.)

आनंद श्रीवास्तव 'सहर'

गीत

छा रहा आतंक फिर,
पागल हवाओं का।

आस्था की देह पर
उगने लगे काँटे,
और धमकाने लगे हैं,
मौन सन्नाटे।
जम गया है रक्त क्यों
तपती शिराओं का।

आचरण संकल्प का जब
हाथ से छूटा,
रूढ़िगत आदर्श ही
अस्तित्व ले डूबा
बिन चले ही बढ़ गया है
दर्द पाँवों का।

धर्म, निष्ठा, आस्था का,
भाव जाग्रत कर
आँख के हर स्वप्न को
साकार, शाश्वत कर
कर्म में हो अवतरण,
पावन ऋचाओं का।

•

एक अजाने स्रोत से निकली हुई धारा,
अनवरत बहती है, तब विस्तार पाती है।
प्रेम ही झंकृत हुआ होगा कहीं,
स्पर्श से तो रोंगटे उठते नहीं,
झिलमिलाती रेत पर ठहरे हुए तालाब,
दिग्भ्रमित करते हैं केवल क्षुधा को भरते नहीं।

प्यास वो जो शुष्क नयनों से निकलकर,
हृदय के गहरे जलाशय में कहीं अविराम पाती है।
आज तक खुद में कभी झाँके नहीं,
एक कड़वे सत्य से छिपते रहे,
देह की अनगढ़ शिलाओं पर सदा
ज़िंदगी की व्याकरण लिखते रहे।
मृत्यु के उपरान्त वाली दृष्टि ही,
शून्य के आकार को पहचान पाती है।
हम अगर दर्पण हुए तो क्या,
परावर्तित करके खोते जा रहे हर क्षण
और यदि करते वरण धरती के दुर्लभ आचरण
संग्रहित होता हमारे पास सोंधी गंध से उपजा हुआ जीवन।
क्षितिज के उस पार से टपकी हुई,
बूँद ही सरिता को सागर से मिलाती है।

ग़ज़ल

देह हल्दिया बासन्ती मन, आँखों में अनुबन्ध लिये,
मेरे गीतों में उतरा है, कोई फागुनी छंद लिये।

श्वेत अबीरी सुधियाँ जब से, मन के आँगन उतरी हैं,
तीव्र हुई निस्तेज कामना, मधुर गुलाबी गंध लिये।

उनका मौन-समर्पण जिस पर, आँखों के हस्ताक्षर थे,
फिर यह कौन चला आया है, साँसों पर प्रतिबंध लिये।

पावन-रिश्तों की सार्थकता, स्वयं सिद्ध हो जाती है,
यदि मन आत्मसमर्पण कर दे, प्राणों की सौगंध लिये।

जिस पानी ने भँवर बनाये, बहा वही धारा बनकर,
और समाहित हुआ जलधि में, अनुशासित सम्बन्ध लिये।

नरेन्द्र जैन

जन्म : 2 अगस्त, 1948, मुलताई बैतूल में।
प्रकाशन : दरवाजा खुलता है, तीता के लिए कविताएँ, यह मैं हूँ पत्थर, उदाहरण के लिए (कविता-संग्रह)। सराय में कुछ दिन, पुनरावलोकन (कहानी-संग्रह)। कविताएँ अनूदित भी।
पुरस्कार : माखनलाल चतुर्वेदी पुरस्कार, विजयदेवनारायण साही पुरस्कार, रघुवीर सहाय पुरस्कार, गिरिजा कुमार माथुर पुरस्कार, अश्क सम्मान, शमशेर सम्मान, वागीश्वरी पुरस्कार।
पता : 132, श्रीकृष्ण नगर, विदिशा (म.प्र.)

अंधेरे में साँची

दूर कहीं
खामोशी से जल रहा
मिट्टी का दिया

कितनी एकाग्रता से वह फैला रहा
अपना जर्जर प्रकाश

एकाग्र है साँची

यहाँ इतना ही प्रकाश
जिससे हो सके गुज़र
यात्री की

अँधेरे में साँची
एक विराट शिला
जो शायद याद करती
अपना आयतन और भार।

अनुपस्थित अंजार

विदिशा के आकाश में आज रात अनगिनत तारे हैं
तारे वहाँ भी होंगे जहाँ मलबे में दबा होगा अंजार
विदिशा में शायद बचा रह गया हो थोड़ा-सा विदिशा
अंजार में तो अब अंजार भी न बचा
अंजार में अब सिर्फ मलबा रहता है
मृत्यु का वास्तविक जीवाश्म है अंजार
जहाँ से लुप्त हो चुकी हैं साँसें

अंजार में कोई आँख नहीं झपकाता
अंजार में अब नहीं बहता गर्दन से पसीना
अंजार एक धूल धूसरित इतिहास है

अंजार हमारे भीतर लगातार दरकती
टूटती-बिखरती काँपती चीख है
जो सुनाई दे रही
तारे होंगे अकूत
लेकिन अंजार से अंजार अनुपस्थित।

कृष्ण बक्षी

जन्म : 15 अक्तूबर, 1942 को रावलपिण्डी (पाकिस्तान) में।
लेखन : गत 35 वर्षों से गीत-लेखन 'हवा बहुत तेज़ है', 'एक भाषा है नहीं की', 'जमीन हिल रही है' प्रकाश्य पुस्तकें हैं। आकाशवाणी से गीतों का प्रसारण। फोटोग्राफी में भी रुचि।
संप्रति : एलोरा फाइन आर्ट्स हा. से. स्कूल के संचालक हैं। रचनाधर्मिता अनवरत जारी है।
पता : साकेत नगर गंजवासोदा, जिला विदिशा (म. प्र.)

मेरी ज़िद है...

तेरी कोशिश चुप हो जाना
मेरी जिद है शंख बजाना

ये जो सोये, उनकी नींदें
सीमा से भी ज्यादा गहरी
अब तक जाग नहीं पाये वे
सर तक है आ गई दुपहरी...
कब से उन्हें पुकार रहा हूँ–
तुम भी कुछ आवाज़ मिलाना...

तट की घेराबंदी करके
बैठे हैं सारे-के-सारे
कोई मछली छूट न जाए
इसी दाँव में हैं मछुआरे...
मैं इनको ललकार रहा हूँ–
तुम जल्दी से जाल हटाना...
ये जो गलत दिशा अनुगामी
दौड़ रहे हैं अंधी-दौड़ें

अच्छा हो के हिम्मत करके
हम इनकी हठधर्मी तोड़ें...
मैं आगे से रोक रहा हूँ–
तुम पीछे से हाँक लगाना...

जाने वाली सदी...

क्या ख़बर किस तरफ लेके जाएगी अब
दोस्तो! हमको ये आने वाली सदी

कुछ बुझा मन लिये हारे-हारे सभी
फिर रहे दर-बदर, मारे-मारे सभी
एक उम्मीद दिल से लगाए हुए
अपने सपनों के बंडल उठाए हुए...
हम कहाँ जाके ठहरेंगे ये तो बता–
अपनी मंजिल स्वयं पाने वाली सदी...

तंग रस्ते हैं, उसपर बड़ी भीड़ है
दूर तक दिख रहा न कहीं नीड़ है...
पंख से अपने लिपटा हुआ घोर तम
किस तरह से उड़ानें भरें आज हम...
ज़िंदगी भर धुआँ-धूल देकर हमें–
बादलों की तरह, छाने वाली सदी...

इस पुराने में ही कुछ नया जोड़कर
कोशिशें कीं हवाओं का रुख मोड़कर
ला न पाये हैं, मौसम वो खुशहाल-सा
कैद ही हो गये, बुनके खुद जाल-सा...
पर न हारे, न हारेंगी ये पीढ़ियाँ–
अलविदा, अलविदा जाने वाली सदी...

गोवर्द्धन 'राजोरिया'

जन्म : 13 सितम्बर, 1945 को गमाखर, विदिशा में।

शिक्षा : विदिशा में एम.ए., एल.एल.बी. तक प्राप्त की।

लेखन : सन् 1956 से 'लोकभाषा' कविता-लेखन। लोकगीत, व्यंग्य, आलेख, संस्मरण, कहानी, उपन्यास आदि सभी विधाओं में साहित्य सृजन, 'सूरज अकेला नहीं होता' कविता-संग्रह का प्रकाशन। निरंतर पत्र-पत्रिकाओं में प्रकाशित। आकाशवाणी से भी रचनाओं का प्रसारण।

संप्रति : शिक्षा विभाग में मुख्यलिपिक पद से सेवानिवृत्त।

पता : महावीर गली, बड़ा जैन मन्दिर, अंदर किला, विदिशा (म.प्र.)

घासीराम सोचता है

कमाल है—
सारी सुविधाएँ पैसे से जुड़ी हैं
चौराहे पर खड़ा है—गरीब बिकाऊ की तरह
सारी गलियाँ सेठ साहूकारों की ओर मुड़ी हैं

ये पैसा भी कमाल है / पूरा बबाल है
जिन पर है—वे भी पागल हैं
जिन पर नहीं, वे भी इसी के कायल हैं
देखा जाए तो न कोई छोटा है, ना बड़ा है
बस केवल पैसा ही सबसे बड़ा है
पैसा जिनके पास है
बुद्धि, विद्या, बल, सत्ता, भीड़भाड़ सब उसके पास है
पैसे को महान कहो
पैसे को प्रणाम करो
पैसा नहीं है, आह भरो
कहो जो भी कहना है—कहो
जिन पर पैसा है, उनकी तोंदें तनी और बढ़ी हैं
उनके मंदिर-मस्जिद-गुरुद्वारे हैं
मजदूर का भगवान तो मेहनत है
उसे किसी से क्या पड़ी है

जब कर्मों का फल ही भोगना है, तो भोगना है
अब भगवान कहीं है भी, तो उसे क्यों कोसना है
समझ तो ये नहीं आता, ढेर-दौलत को क्या करेंगे
मौत भी आ गयी तो मुश्किल से मरेंगे
हद दौलत की हवश, मत पूछो, बस, बस, बस

खून हमारा गर्म पिघलता है

पता नहीं किस मापदण्ड से माप रहे हैं लोग
तरतीबी से चित्र आँसू के सजा रहे हैं लोग

(1)

डूब रहे आकंठ भाग्यफल इसको माने हैं
आधी भी ले गये हाथ से बढ़े सयाने हैं
विनयी शांत पुरुष को पागल समझ रहे हैं लोग

(2)

जब-जब जिसने चाहा, उसने हमें भुनाया है
काम सरे खोटे सिक्के-सा खूब उछाला है
हमको शायद सिर्फ नसैनी समझ रहे हैं लोग

(3)

हम भी एक आदमी, हमरे अपने सपने हैं
मजबूरी तंगी के कारण लगे तरसने हैं
चंदन में भी कहीं आग का भी रहता है योग

(4)

हम ठंडे हैं, खून हमारा गर्म पिघलता है
विस्फोटक बारूदी जैसी आग पकड़ता है
तुम समझे हो, कोई नशेले बहक रहे हैं लोग

(5)

पता नहीं किस मापदण्ड से माप रहे हैं लोग
तरतीबी से चित्र आँसू के सजा रहे हैं लोग

सुलखान सिंह 'हाड़ा'

जन्म : 17 मई, 1950 को बाँदा जिले के नारायणपुर में।
शिक्षा : इन्दौर से स्नातक परीक्षा उत्तीर्ण कर, पुलिस में प्रधान 'आरक्षक' विदिशा में।
लेखन : कहानी, नाटक, कविता, आलोचना आदि विधाओं में सृजन। 1986 में 'देवदारु' नामक काव्य संकलन प्रकाशित। 'समवेत' में सहयोगी कवि। अध्ययन, मनन, सृजन के साथ-साथ गंभीर लेखन।
पता : पुलिस लाइन, विदिशा (म.प्र.)

मजदूर

पोलिथलिन से ढँकी
अपनी अस्थायी झोंपड़ी में तुमने
शक्कर के दस दाने ठीक से गिने,
सिर न उठाने के संकल्प के साथ
रेडियो के कुछ गीत सुने।

साँप, बिच्छू
यहाँ तक कि मावठा काँप गया
शीत अपना पीछा किया जाता देखकर भागा
और हाँफ गया।

मक्की की रोटी और भुने आलू ही
तुम्हारी गिज़ा हैं
शिरोपरि पुल बन रहा है–
राह चलते दर्शक ही
तुम्हारे लिए फिज़ा हैं।

यदि कोई जानना चाहे

तुम्हारी आयु का कुल
तो उत्तर यही होगा न!
बस, ऐसे ही तीन-चार पुल।

चित्रकार केकी मूस

केकी मूस!
तुम चालीस-साल से घर से बाहर नहीं निकले,
तुम्हारी कल्पना ही
तुम्हें विश्व का परिचय देती है।

कभी-कभार यथार्थिक बानगी के लिए
कैमरा थामकर
तुम अपनी खिड़कियाँ खोल देते हो।
तुम्हारे चाहने मात्र से ही
इंगलैंड का शीत और उसका प्रभाव
तुम्हारी बड़ी-सी टेबल पर
रुई से मढ़ी
काली मिट्टी के ऊपर आ पसरता है।

तुम्हें विश्व से घृणा है
या भीड़ में खो जाने का डर
किंवा कला-मोह
जिसने तुम्हें एकांतिक बना दिया है—
एक नया विश्व सृजने के लिए!

मैं भी तुम्हारे जैसा ही
दुनिया से दूर,
दुनिया के बीच होना चाहता हूँ।

जयनारायण 'मेहता'

जन्म : 23 अगस्त, 1952 को गंजबासोदा में। श्री मेहता मूलतः प्रगतिशील और जनवादी विचारधारा के समर्पित कवि।
लेखन : उत्तर-गाथा, कथन, पहल, दस्तावेज, रविवार, नई दुनिया आदि में रचनाएँ प्रकाशित।
संप्रति : शासकीय हाई स्कूल में प्राचार्य पद पर कार्यरत।
पता : राजेन्द्र नगर, गंजबासोदा, विदिशा (म.प्र.)

'असली आग'

एक पदार्थ-भर नहीं
होती है हवा
और भी बहुत-कुछ होती है।
क्योंकि वह जानती है
कौन किस समय
क्या...?
सोच रहा होता है।

आप भले न जानते हो
शपथ ग्रहण का
सच
मंत्रोच्चारण की
असलियत
नमाज़ की नीयत और
सभ्यता का नंगापन
जानती है हवा।

जानती है हवा
देखते हुए लोगों का

अंधापन
सुनते हुए लोगों का
बहरापन
सोचते हुए लोगों का
दोगलापन।

जानती है हवा इन
तमाम बातों के बावजूद
कि असली आग
अलावों में नहीं
लोगों के दिलों में होती है।

रामकिशन 'असहाय'

जन्म : 14 अक्टूबर, 1944 को। गंजबासोदा, विदिशा में। सन् 1961-62 में कवि के रूप में प्रसिद्ध।

प्रकाशन : इनकी रचनाएँ पत्र-पत्रिकाओं में प्रकाशित होती रही हैं। आकाशवाणी से कविताएँ प्रसारित। संपादन 'आँच' (ग़ज़ल संग्रह)

संप्रति : पेशे से अध्यापक हैं।

पता : स्व. शम्भू सिंह जी की हवेली, अंदर किला, विदिशा (म.प्र.)

ग़ज़ल

(1)

हर सवाल का हल निकलेगा,
आज नहीं तो कल निकलेगा।

मेहनत पर तुम करो भरोसा,
हर पौधे से फल निकलेगा।

थामो जरा कुदालें अपनी,
मरुथल से भी जल निकलेगा।

श्रम के दीप जलाकर देखो,
अंधकार खुद चल निकलेगा।

(2)

हमको ऐसे बादशाह-बेगम मिले,
जिनके साये में मुसल्सल गम मिले।

मिल न पायीं राहतें चैनो-सुकूँ,
कहने को गाँधी मिले, गौतम मिले।

खून तो हमने बहाया था मगर,
दुश्मनों के हाथ में परचम मिले।

जो लड़े इन्सानियत के वास्ते,
उनके दामन आँसुओं से नम मिले।

यूँ तो मिलने को मिले इन्सां बहुत,
आदमी दुनिया में लेकिन कम मिले।

दफ़ैरुन

जन्म : 15 जुलाई, 1959 को टीला रायसेन में।
प्रकाशन : कविता, नाटक, निबंध, विधाओं में लेखन। पेड़ अकेला नहीं कटता (कविता संग्रह) एवं लघुपत्रिका 'प्रवाह' का संपादन।
संप्रति : अध्यापक।
पता : 48, मोहन गिरी, विदिशा (म.प्र.)

मुस्कुराहटों ने

मुस्कुराहटों ने
हमें पत्रों से जोड़ा
जोड़ा फ़ोन से

एक दिन मिलेंगे भी हम
यहीं से जाता है
मिलन का रास्ता भी।

बुहारी

बुहार कर
घर का एक-एक कोना
बिखेर कर सौ-सौ स्वर्ण-किरण
कोने में लेट गई है बुहारी

देखती है मेरी ओर
मुस्कुराती ऐसे
जैसे कहती हो कि–
लो मैंने तो निपटा दिया काम अपना।

उपेन्द्र कालुस्कर

जन्म : जून 1955 मुरैना में। 1975 से विदिशा में। विदिशा साहित्य-परिषद के पूर्व अध्यक्ष पद पर रह चुके कालुस्कर 'समवेत' के एक सशक्त कवि।

प्रकाशन : दैनिक भास्कर, नई दुनिया, नवभारत में कहानियाँ, गीत, ग़ज़लों व कविताएँ प्रकाशित।

पता : बंटी नगर, सागर रोड, विदिशा (म.प्र.)

ग़ज़ल

(1)

जब तलक सीने में दिल है दिल्लगी कायम रखो,
और अपने प्यार की दीवानगी कायम रखो।

भीड़ भागम-भाग कोलाहल से बचकर शाम को,
कुछ टहलने के लिए वीरानगी कायम रखो।

हैं तो मुश्किल सैकड़ों जब मुश्किलें हों साथ में,
हो सके तो दिल में उनकी याद भी कायम रखो।

कब्र पर दो-चार घूँसे और जमकर गालियाँ,
बाद मरने के मेरे तुम दोस्ती कायम रखो।

है कठिन उस राह पर चलना कि जो आदर्श है,
कम से कम उस राह की कुछ बानगी कायम रखो।

(2)

उन दिनों जब चिट्ठियाँ मिलती रहीं—लिखते रहे
यूँ कहो इक आईने में जब कभी दिखते रहे

क्या कहें जब घाव गहरे, दर्द था बेइन्तिहा
तब भी हम मुस्कान होठों पर लिये हँसते रहे

डालियाँ तो झुक गईं, पाना था जो, उनको मिला
और हम उहं के जुनूं में ताड़ से तकते रहे

यार दुनिया भी गज़ब है सीटियाँ सुनती रही
और हम अन्दर कुकर में दाल से पकते रहे

यूँ तो उनकी ज़िंदगी को अर्थ हमने ही दिया
फिर भी उनकी दृष्टि में हम तो महज़ नुक़ते रहे।

जन्म : 26 मार्च, 1949 नरसिंहगढ़ (म.प्र.) में।
शिक्षा : नरसिंहगढ़ में, स्नातक तक।
लेखन : 1966 से साहित्य लेखन। कविता, ग़ज़ल, गीत, व्यंग्य, नाटक, कहानी, लघुकथा आदि पत्र-पत्रिकाओं में रचनाओं का प्रकाशन, आकाशवाणी से प्रसारण भी।
संप्रति : कृषि-विभाग में मानचित्रकार।
पता : पेढी स्कूल के पीछे, खाई, विदिशा (म.प्र.)

शिव डोयले

ओ पेड़!

ओ पेड़!
मुझे यह आशा नहीं थी
कि तुम यूँ अकड़ कर खड़े हो जाओगे
और अपनी ऊँचाई का नाप
विन्ध्याचल की चोटी से करने लग जाओगे

तुम वे दिन भूल गये
जब मोड़सिंह
धन्ना गाडरी की बकरियों को
भगा-भगाकर
तुम्हारी जी-जान से रखवाली करता था

उसने अपनी पागल ज़िंदगी में
दो ही तो अच्छे काम किए हैं
एक तो—पेड़ों को पानी देना
दूसरा—रास्ते के पत्थर बीनना

जरा अतीत की गहराई में
झाँककर देखो—

जिस घास-पौधों ने
तुम्हारे डगमगाते पैरों से लिपटी
मिट्टी को सरकने नहीं दिया
और इतना ऊँचा उठाया तुम्हें

आज वे ही, अपनी जगह
पिसे-पिसे से तुम्हारा मुँह ताकते हुए
मेहमानों की बीट
और तुम्हारे मौसम में बदलते तेवर
सब-कुछ अपने सिर पर झेलकर
खामोश...केवल...खामोश हैं

शायद तुमने भूल से समझौता कर
समझ लिया है कि
सहनशीलता कायरता की निशानी होती है
मगर नहीं,
उस घास-कचरे में
जिस दिन आँधी, पत्तों-पत्तों पर
बदलाव का इश्तहार बाँट जाएगी
तो समझ लेना, यह गर्वोक्ति
तुम्हें ऊँचाई से उतार कर
अस्तित्व-विहीन कर सकने में समर्थ हो जाएगी

फिर मोड़सिंह अपनी छाया के लिए
किसी नई पौध को
पानी देने लगेगा
इसलिए इतना मत तनो मेरे पेड़
कि कहीं से बाढ़ उफनती आए
और तुम्हें उखाड़-गिरा जाए।

जगदीश शरण 'कानूनगो'

जन्म : 11 मई, 1945 को गाँव वसई बैरसिया, भोपाल में।

शिक्षा : सम्राट अशोक टेक्नीकल इंस्टीट्यूट से मेकेनिकल इंजीनियरिंग में डिप्लोमा, एम.ए. हिन्दी, समाजशास्त्र, एल.एल. बी., साहित्य रत्न, एडवोकेट। अध्ययन काल से ही लेखन की ओर प्रवृत्त।

प्रकाशन : कादम्बिनी में कविताएँ प्रकाशित।

संप्रति : एडवोकेट।

पता : 'जीवंती', सिविल लाइन्स, विदिशा (म.प्र.)

नीम

बहुत सालों बाद मैं
अपने स्कूल गया
स्कूल प्रांगण में खड़ा
'नीम' का पेड़ (मेरा दोस्त) मिला
मुझे देखकर हँसा।

वह! अब छतनारा होकर,
गहरा गया था–
और मैं उम्र से सूखकर
'पतरा' गया था।
अभी हवा थमी थी
फिर भी...उसकी एक डाली हिली।

'शायद' पूछ रही थी
कहो, कैसे हो?
बहुत दिनों बाद
याद आई हमारी

और बस
इतने से दिनों में
यह 'दशा' कैसे हो गई तुम्हारी

मैंने कहा?
यार! तुम पेड़ हो
तुम्हें डायबिटीज नहीं होती।
जिन्हें हो जाती है
वे भी तुम्हारी पत्तियाँ खाकर
ठीक हो जाते हैं।
मुझसे भी लोगों ने कहा है
मुझे तुम्हारी पत्तियाँ खानी चाहिए।
तुम्हारी पत्तियाँ तोड़ने का
मन नहीं होता मेरा
हाथ काँप जाता है।
तुम! वर्षों दोस्त जो रहे हो मेरे।
तुम्हारे-मेरे रिश्ते भी तो
रहे हैं, गहरे।

आज लोग!
रिश्तों को कहाँ मानते हैं?
जब! काटने का वक्त आता है
तब! दोस्त ही दोस्त को काटता है।

जयकुमार 'शीतल'

जन्म : सन् 1950 में, ग्राम पेकलोन, तहसील कुरवाई, जिला विदिशा में।

संपादन : 1980 में 'व्यक्त' शीर्षक से नवगीतों का संपादन किया। प्रलेंस से संबद्ध।

गीतकार शीतल की रचनाएँ विभिन्न पत्र-पत्रिकाओं में प्रकाशित हुई हैं। गीतों का प्रसारण आकाशवाणी से हुआ है। सामाजिक विसंगतियों पर लेखन आपका मुख्य विषय है।

पता : 222, सावरकर चौक, गंजबासोदा, विदिशा (म.प्र.)

किया हमें हैरान

किया हमें हैरान,
रोज़ के बढ़ते भावों ने
जेब के घने अभावों ने
किया हमें हैरान ॥

मन तो लालयित है पल-पल
नई-नई चीजों को,
रेशा-रेशा जोड़ रहे—
हम फटी कमीजों को,

हुआ रोज मतदान
नंगा किया चुनावों ने ॥

सीमित-साधन सफेद आय के
धीमी गति विकास
तेज गति के लिये चाहिए—
काले सब विश्वास

सुविधा के सामान
जुटाए रोज़ गुनाहों ने ॥

कुमुदनी दुबे

जन्म : 9 अप्रैल, 1940 को कुण्डा ग्राम में।
प्रकाशन : सुधि आयी, दायरे, नूरजहाँ, सुरभि के आसपास, सारांश, स्वर मैत्र, शकुन्तला आदि खण्ड-काव्य लिख चुकी हैं।
संप्रति : अध्यापन
पता : गंजबासौदा, विदिशा

नर्मदा

मेरा मन
मेरी गति
मुझे मत रोको

बहने दो निर्बाध
वन-प्रान्तरों में लुक-छिप जाऊँ
पथरीली घाटियों को तोड़ूँ
संगमर्मरी प्राचीरों को
चूमती हुई आगे बढ़ जाऊँ
मुझे मत रोको

शनैः शनैः मौन चुपचाप
शब्दहीन पदचाप
अमरकण्टक से आई
कूद पड़ी कपिलधारा में
प्रवाहित दूधधारा में
लटें फैलाईं सहस्र धारा में
मुझे मत रोको

नीरदों का विदीर्ण
क्षत-विक्षत हृदय
बरस जाता है
आत्मसात करती है धरती
बहाती है नदी के रूप में
अश्रुधारा-सी
मुझे मत रोको

तरंगिणी भी
स्थिर गति भी
मैं विपर्यय
विरोधाभास का प्रतीक
मैं रेवा भी
नर्मदा भी
स्वाभिमान की सरिता
मुझे मत रोको

राम आर्य 'व्यथित'

जन्म : ज्येष्ठ शुक्ल नवमी सं. 1992 को वर्धा गाँव विदिशा जिले में।

लेखन : शिक्षक रहे 'व्यथित' सेवानिवृत्त के बाद काव्य-लेखन में सक्रिय हैं। मूलतः वीररस के कवि।

पता : 186, आर्य निकुंज, शिक्षक कालोनी, विदिशा (म.प्र.)

राष्ट्रीय एकता

मेरे हिन्दुतान में अनेकता में एकता
धर्म हैं पृथक पृथक
बोलियाँ पृथक-पृथक
प्रांत की हैं दूरियाँ
विचार किन्तु एक है
जब मिलीं चुनौतियाँ, प्रकट हुई है एकता
राष्ट्रीय एकता
मेरे हिन्दुस्तान में...

जब हमारी भूमि पर
शत्रु के कदम पड़े
सिर तभी कुचल दिये
सैनिकों के दल अड़े
और देश में तभी प्रकट हुई है एकता
राष्ट्रीय एकता
मेरे हिन्दुस्तान में...

एकता गई तो देश
पराधीन हो गया

एकता गई तो
चेतना-विहीन हो गया
कष्ट बढ़ गया, जो गई राष्ट्रीय एकता
लुप्त हुई एकता
मेरे हिन्दुस्तान में...
आज हमें देश का
भविष्य फिर बनाना है
देश को समृद्ध शक्तिवान
फिर बनाना है
देश में जगाइए फिर राष्ट्रीय एकता
है महान एकता
मेरे हिन्दुस्तान में...
तत्त्व जो अलगाववादी
आज सिर उठा रहे
तत्त्व जो आतंकवादी
आज कहर ढा रहे
एकता से भून डालो, फिर दिखाओ एकता
राष्ट्रीय एकता
मेरे हिन्दुस्तान में...

महेश कटारे 'सुगम'

जन्म : 24 जनवरी, 1954, पिपरई गाँव, ललितपुर (उ.प्र.) में।
लेखन : प्यास (कहानी संग्रह), गाँव के गेंवड़े (बुंदेली ग़ज़ल) बाल कविताएँ भी प्रकाशित, नवगीत, नई कविता के रचनाकार खंडकाव्य–वैदेही-व्यथा (प्रकाशनाधीन), प्रगतिशील लेखक संघ से संबद्ध। आकाशवाणी/दूरदर्शन से रचनाएँ प्रसारित।
पता : प्रयोगशाला तकनीशियन प्रा. स्वा. केन्द्र कुरवाई, जि. विदिशा (म.प्र.)

वर्षों से

वर्षों से
खाँस रहे हैं पिता
हाँफ रही है माँ
मैं खुली आँखों
पी रहा हूँ
पिता की खुल्ल-खुल्ल
माँ की धोंकनी

वर्षों से
देख रहा हूँ
पत्नी की फटी साड़ी
बच्चे की पैबंद लगी पैण्ट
जवान होती बेटी

वर्षों से
प्रयासरत हूँ
ज़िंदगी को नये सिरे से बुनूँ
काढ़ूँ उसमें

बेल-बूटों वाली कढ़ाई
बनाऊँ चारों ओर
रंग-बिरंगी पट्टी
लेकिन, भूल जाता हूँ हर बार
बेल-बूटों की जगह
उग आते हैं बेतरतीब काँटे
फिर उधेड़ने
फिर बुनने में
कट रही है मेरी
उम्र
वर्षों से

वद्री प्रसाद भारतीय

जन्म : 8 अगस्त, 1940 को गंजबासोदा, विदिशा।
संप्रति : निजी व्यवसाय और लेखन, प्रलेंस से संबद्ध।
पता : सावरकर चौक, गंजवासोदा, विदिशा (म.प्र)

अतीत जीवी हम

अतीतजीवी हम,
अपने वर्तमान से शर्माते,
अपने आपको,
अपने से छुपाते,
गये गुजरे-से,
बहुत गर्वीले
उपस्थित समय के प्रति
बहुत लाल पीले।
हम अभिशप्त हैं,
विक्रम की तरह,
अपने कंधों पर,
बेताल ढोने को,
अपने सिर के,
टुकड़े-टुकड़े होंने से,
आतंकित हम,
तत्पर नहीं,
जीवन के चैतन्यशील,
प्रश्नों के,
उत्तर होने को।

राधेश्याम सक्सेना 'घायल'

जन्म : 5 जुलाई 1942, विदिशा।
शिक्षा : स्नातक, बी.एड.
लेखन : ग़ज़ल-प्रिय विधा है।
संप्रति : सेवानिवृत्त उ.श्रे.शि. अब स्वतंत्र लेखन।
पता : शिक्षक कालोनी, विदिशा (म.प्र.)

ग़ज़ल

(1)

ये तो तय है, कि वो पत्थर का ज़िगर रखते हैं
फिर सीने में हम, सीसे का शहर रखते हैं
फर्क तो है मेरी आदत में, उनकी आदत में
वो तीर रखते हैं, हम तीरे-नज़र रखते हैं
नहीं मालूम है, क्या है तुम्हारी आँखों में
अपनी आँखों में हम ख़्वाबों का फ़जर रखते हैं
बस इसी बात की चर्चा है उनकी महफ़िल में
बेख़बर होके हम ख़बरों की ख़बर रखते हैं
जर्रे-जर्रे में भर जाएगा, मुहब्बत का जुनूँ
दिल के गुलशन में हम उल्फ़त का शज़र रखते हैं

(2)

तेरे आँचल को, भिगोने की याद आती है
माँ तेरी गोद में, रोने की याद आती है
जो डिठौना मेरे माथे पै तू लगाती थी
उसी काजल के डिठौने की याद आती है
मेरे आँगन जिस कोने लगी थी तुलसी,
मुझे हर-पल उसी कोने की याद आती है
वो वारिस, वो छप्पर, वो टपकता पानी,
उसी वारिस में नहाने की याद आती है
एक लमहा जो रूठ कर चला गया मुझसे
उसी रूठे हुए लमहे की याद आती है

शशि कुमार शर्मा 'शशि'

जन्म : 24 जनवरी, 1957 को ग्वालियर में।

प्रकाशन : रचनाओं का प्रकाशन पत्र-पत्रिकाओं में। साथ-साथ संकलन में भी हुआ है। उनकी कर्म स्थली विदिशा रही है। 'ग़ज़ल' लिखना उनकी पसंदीदा विधा है। व्यंग्य में बात कहना उनकी विशेषता है। शर्मा जी 1966 से कविताएँ लिखते आए हैं।

संप्रति : शिक्षक के पद पर कार्यरत।

पता : रीठा पाठक रोड, लाला पुरा, विदिशा (म.प्र.)

ग़ज़ल

हँसने वाली सूरतें भी अनमनी हैं
इसलिये माहौल में अब सनसनी है

अब तो शायद सब्र की हद टूटती है
हर तरफ भौंहें तनी, मुट्ठी तनी है

इसलिए सूरज की चलती है जगत में
आग, अंगारों ओ लपटों का धनी है

काँच के महलों में डर दाखिल हुआ है
हो-न-हो हीरा तू, हीरे की नमी है।

(2)

ज़िंदगी के दर्द को ओढ़े हुए हैं
हम दुशाला ओढ़ना छोड़े हुए हैं

किस तरह संबंध हैं ये अटपटे से
लोग सिर को पाँव से जोड़े हुए हैं

खुद का चेहरा देखकर इतना डरे हैं
आइने की आँख को फोड़े हुए हैं

दिल सिमटकर हो गये आशारिया से
गाँव-गलियाँ रास्ते चौड़े हुए हैं।

प्रदीप गवान्दे

जन्म : 19 जून, 1956 देवास।
बैंक कर्मियों के साहित्यिक संगठन 'प्राची' से संबद्ध। संपादक 'सृजन'। कविताएँ पत्र-पत्रिकाओं में प्रकाशित।
संप्रति : मार्गदर्शी बैंक विदिशा में अधिकारी
पता : अरिहंत, विदिशा (म.प्र.)

यादें

मैं नहीं चाहता
बीते हुए कल की
यादें मेरा पीछा करें
यादें अच्छी-बुरी
कड़वी-मीठी
सब तरह की होती हैं
पैरों में बेड़ियों की तरह
मस्तिष्क को कुंद किए
हाथों को जकड़े हुए रहती हैं
मैं मुक्त होना चाहता हूँ
यादों से दूर जाना चाहता हूँ
जीवन में अभी अनेक
पड़ाव आने हैं
इसलिए मैं
जीवन जिजीविषा
यादों में समेटना
नहीं चाहता।

रामकिशन चौरसिया

जन्म : 6 जुलाई, 1952 गंजबासोदा में।
शिक्षा : एम.ए. हिन्दी, बी.एड.।
लेखन : मैं नहिं माखन खायो (व्यंग्य लेख-संग्रह), काग़ज़ के आदमी (काव्य-संग्रह)। नवगीत व्यंग्य लेख। संपादन : म.प्र. के कवियों का समवेत संकलन 'स्पंदन'।
संप्रति : केन्द्रीय विद्यालय विदिशा में शिक्षक हैं।
पता : 500 हरीपुरा, विदिशा (म.प्र.)

नवगीत

हर कथा है
एक सुन्दर नित्य गढ़ने की।
पर नहीं फुर्सत
किसी को सत्य सुनने की ॥
रास्तों पर
जो चले थे
बाद में रोए।
मंजिलें कुछ लोग
धरकर जेब में सोए ॥
सीढ़ियों पर अब कहाँ है,
होड़ चढ़ने की...
ज्ञापनों में
साफ-सुथरे से
लगे चेहरे।

हम जहाँ फरियाद
करते थे, वहाँ बहरे ॥
लाइनों की आदतें हैं,
रोज़, लड़ने की...
आदमी को
बाँधकर, चलने
लगीं सुइयाँ।
यों मिले अधिकर
ज्यों उबली हुई घुइयाँ ॥
कर रहे तैयारियाँ
आरोप मढ़ने की...

सुरेन्द्र श्रीवास्तव

जन्म : 30 अगस्त, 1961 को विदिशा में।

लेखन : काव्य-कला में साधना के पक्षधर कवि सुरेन्द्र की कविताएँ काव्य-कला की कसौटी पर सधी हुई कविताएँ हैं। तीखी-व्यंग्य कविताओं को लिखने में कुशल हैं। विदिशा के 10 कवियों के संकलन 'समवेत' में उनका नाम है।

संप्रति : अध्यापन।

पता : आर. एम. पी. नगर, फेस-टू विदिशा (म.प्र.)

ग़ज़ल

(1)

दर्द आख़िर क्यों बड़ा है,
जब किताबों को पढ़ा है।
जो उसूलों पर अड़ा है,
चलके थोड़ा गिर पड़ा है।
सारे उत्तर गिर चुके हैं,
प्रश्न ज्यों का त्यों खड़ा है।
आस्था का हर कलश क्यों,
गीली माटी का घड़ा है।
ऊँट बैठा भी रहे तो,
कुत्ते-बिल्ली से बड़ा है।

(2)

चुन्नू मुन्नू राजू देखो
ऐसे होथें काजू देखो
घर से लेके राजभवन नौ
अंधे लेंह तराजू देखो
सरपंची है थोरे दिन की

हम सब रहें ककाजू देखो
लगी लाग तो तर्पन करवे
अबकी जेंह गयाजू देखो
दुनिया से तोखों का लेने
अपने आजू-बाजू देखो
पीठ फिरत ही गाली सुन लो
मौं पे हाँजू-हाँजू देखो।

(3)

उन परिन्दों में कोई जान नहीं,
जिनकी आँखों में आसमान नहीं।
मेरा मक़सद है चाँद को छूना,
मेरा मक़सद महज उड़ान नहीं।
मेरे हक में चलो दुआ ही सही
मेरे हक में अगर बयान नहीं
हम तो आदी हैं उस सफ़र के भी
दूर तक जिसमें साएबान नहीं
वो फ़क़त इतनी बात करता है
लोग समझे कि बेजुबान नहीं
बचा है हौसला अभी बाकी
समझ ले ख़त्म इम्तिहान नहीं।

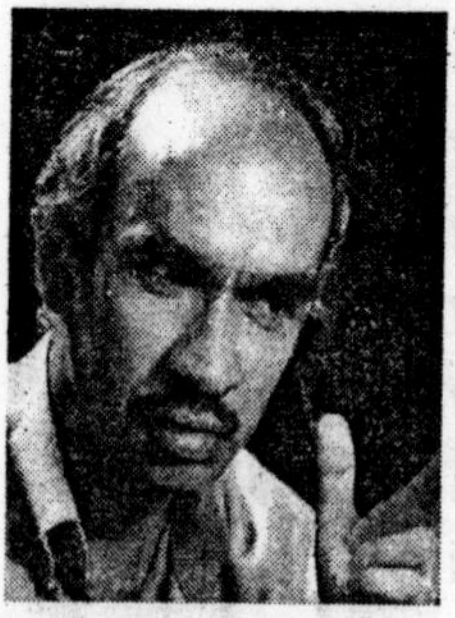

सुदिन श्रीवास्तव

जन्म : अगस्त, 1961, विदिशा।
लेखन : ग़ज़ल, नज़्म, नाटक, गीत लेखन में रुचि।
प्रकाशन : पत्र-पत्रिकाओं में रचनाएँ प्रकाशित।
अन्य : शास्त्रीय संगीत के ख्यातनाम साधक।
प्रसारण : आकाशवाणी से गायन और रचनाएँ प्रसारित।
संप्रति : शासकीय विद्यालय में अध्यापन।
पता : कायस्थपुरा, अंदरकिला, विदिशा (म.प्र.)

ग़ज़ल

न जाने कैसी कैसी अटकलें बेदार होती हैं
ग़ज़ल में आपकी बातें बड़ी दुश्वार होती हैं

ज़रा देखो सरग की अप्सराएँ रश्क करती हैं
वो सजधज के निकलने घर से जब तैयार होती हैं

कोई जाकर उन्हें कह दे चले आओ, चले आओ
हज़ारों मन्नतें उनके बिना बेज़ार होती हैं

बहारो फूल बरसाओ, मेरे कहने से क्या होगा
खुद उनकी आमदें इतनी वसीलेदार होती हैं

मेरी फुरसत पे उनकी इंतजारी के सिवा क्या है
मगर ये बात सुनने वो ही कब तैयार होती हैं

संतोष शर्मा 'सागर'

जन्म : 1965, विदिशा में यशस्वी कवि स्व. कन्हैयालाल शर्मा के पुत्र हैं।

शिक्षा : विज्ञान में स्नातक।

लेखन : आकाशवाणी से रचनाओं का प्रसारण अनेक बार हो चुका है।

पता : 65, सावरकर पथ, विदिशा (म.प्र.)

ग़ज़ल

मेरी नाकामियों का ज़िक्र, लोगों की जुबाँ पर है,
ज़माने की निगाहें भी हमारी दास्ताँ पर हैं।

बड़ी मेहनत-मशक्कत से, बनाया हमने अपना घर,
वो देखो बर्क की नज़रें भी, मेरे आशियाँ पर हैं।

न हिन्दू पर, न मुस्लिम पर, न ईसाई, न सिक्खों पर,
ये जिम्मेदारियों का बोझ, सारे कारवाँ पर है।

घर बाँटे शहर बाँटे किया मुल्कों का बँटवारा,
अब इस कमजर्फ की नज़रें, हमारे आस्माँ पर हैं।

बदल दे मुल्क की किस्मत, जलाए इश्क की शम्मा,
हर एक शख्स की नज़रें, अब ऐसे नौजवाँ पर हैं।

ग़ज़ल

लौ ज़िंदगी की रफ्ता-रफ्ता दूर हो गई,
तुम क्या गए कि बज़्म ये बेनूर हो गई।

पा कर ज़रा-सा हुश्न शबाबो रंगो बू,
या रब चमन की हर कली मगरूर हो गई।

सर को झुकाये आज वो गुज़रे जो इधर से,
शाखे-गुलाब झुकने को मजबूर हो गई।

ज़िल्लत की ज़िंदगानी गवारा नहीं मुझे,
बस इसलिए तो मौत भी मंजूर हो गई।

इस बेवफ़ा को आज़मा चुके हैं कई बार,
पर बेवफ़ाई साये का दस्तूर हो गई।

ग़ज़ल

मुझको जिसकी तलाश रहती है,
वो मेरे आस-पास रहती है।

मैं समन्दर के पास रहता हूँ,
फिर भी थोड़ी-सी प्यास रहती है।

जाके पूछे ये कोई गुल्चीं सें,
क्यूँ ये बुल-बुल उदास रहती है।

ज़िंदगी का सफर तमाम हुआ,
फिर भी मिलने की आस रहती है।

वो निगाहों से बहुत दूर सही,
वो मेरे दिल के पास रहती है।

ये गुनाहों का असर है 'सागर',
आइने में खराश रहती है।

जन्म : 26 नवम्बर, 1968 को विदिशा में।

शिक्षा : हिन्दी से एम.ए. गीत-ग़ज़ल के माध्यम से अपनी बात कहते हैं।

संप्रति : व्यवसाय एवं लेखन।

पता : जैन ब्यूटी सेंटर, बलराम शास्त्री मार्केट, विदिशा (म.प्र.)

अनिल कुमार जैन

गीत

सिर्फ भटकन ही मिली मन की व्यथाओं में
उम्र-भर बहते रहे हम भावनाओं में।
हर समय कमजोर निकले
रिश्तों के अनुबंध
जितने समझौते किये
उतने मिटे संबंध
फिर भी भ्रम पाले रहे हम वेदनाओं में
उम्र-भर बहते रहे हम भावनाओं में।
आइने सा तिरकता मन
बार-बार टूटा
भावनाओं में लिखा सब
पड़ गया झूठा
इसलिए ही खालीपन है आस्थाओं में
उम्र-भर बहते रहे हम भावनाओं में।
वृक्ष बौराए रहे क्यूँ
फल नहीं निकले
इन सवालों के अभी-तक
हल नहीं निकले
प्रश्न पत्तों से उड़े फिरते हवाओं में
उम्र-भर बहते रहे हम भावनाओं में।

समकाल

राष्ट्रीय मानचित्र पर सक्रिय और चर्चित युवा

नीलेश रघुवंशी

जन्म : गंज बासौदा में

शिक्षा : एम.ए. हिन्दी साहित्य

प्रकाशन : पानी का स्वाद (कविता संग्रह) एवं शीर्षस्थ पत्र-पत्रिकाओं में कविताएँ, टिप्पणियाँ।

संप्रति : दूरदर्शन केन्द्र भोपाल में असि. प्रोड्यूसर

सिंदूर

छोटी-सी डिबिया में बंद सिंदूर
तुम आओ और...
सजाओ मेरी बहन की माँग।
बनो उसके उजियारे
बनकर उजियारे चहकाओ उसे
अटको उसकी माँग में
अटकते हैं जैसे आँसू मेरी आँख के।
सिंदूर...आओ
तेरह बरस से सूने पड़े घर में
बजवाओ शहनाई
बँधवाओ बंदनवार
चमकाओ सूने पड़े कलश
आओ और...
गुँजा दो घर को मंगलगीतों से।
तुम्हारा रंग जो है उगते सूरज का
छोड़ दो उसे बहन के आरपार।
छोटी-सी डिबिया में बंद सिंदूर
नहीं जानते तुम अपना मूल्य
जाना है हम सबने लम्बी प्रतीक्षा के बाद।

यात्रा करते पिता

पहुँच जाते हैं पिता प्लेटफार्म पर
गाड़ी आने से आधा घंटा पहले
रखते है अंदर की जेब में टिकट
खड़े हो जाते हैं चुपचाप ट्रेन में
जगह मिलने की प्रतीक्षा या कोशिश
कभी नहीं करते पिता।
उम्र के इस पड़ाव में
भला? पिता क्या सारी दूरी खड़े खड़े जाएँगे।
झुकते घुटने और सामान पकड़े पिता
क्या कोई जगह देगा।
सीट खाली होगी किसी स्टेशन पर
बैठने की सोचेंगे पिता
और...
रख देगा आकर कोई बैग।
चल देगी ट्रेन
खड़े रहेंगे पिता
वह सोते हुए को नहीं उठाएँगे
उसी भी नहीं
घेरकर बैठा है जो बेमतलब दो आदमियों की जगह।
थके हारे पिता
पहुँचते हैं घर!
यात्रा की अनायास थकान
और
दूसरे शहर जाने की तकलीफ़ भाँपती है माँ
माँ पिता की यात्रा जानती है
इसलिए कभी नहीं पूछती
कैसा रहा सफ़र।

रवीन्द्र स्वप्निल प्रजापति

जन्म : 15 जून, 1970 को विदिशा जिले के गाँव में।
शिक्षा : एम.ए. हिन्दी में।
प्रकाशन : कोलाज (कविता संग्रह) एवं शीर्षस्थ पत्र-पत्रिकाओं में कविताएँ/कहानियाँ प्रसारित।
प्रसारण : दूरदर्शन और आकाशवाणी से कविताओं का प्रसारण।
संप्रति : स्वतंत्र लेखन।
पता : राजीव नगर, विदिशा (म.प्र.)

मन पसंद कविता के लिए

लड़की तुम मनपसंद कविता के लिए गुड़िया-सी रूठती हो
तब मुझे बहुत परेशान होना पड़ता है
कहाँ से लाऊँ मोती-सितारे-जड़ी कविता
परियों के परिधान वाली कविता

तुम्हारी मनपसंद गुड़िया-सी कविता
रंगीन फ्रॉक जैसी कविता
मैं बहुत खोजता हूँ रोज़-रोज़ जब शाम होती है
पुल और नदी के पास
उस पहाड़ी पर भी जहाँ मैं कभी नहीं जाता

तुम्हारी मनपसंद कविता
शहर के आसपास और बीच शहर में खोजता हूँ
परेशान और प्रताड़ित लोगों की गलियों में
तुम्हारी मनपसंद कविता तो मिलती नहीं
फिर भी मैं रोज़-रोज़ निकलता हूँ
आकाश और धरती पर तुम्हारी कविता के लिए
लड़की तुम रोज़ मचलती रहना गुड़िया जैसी
मुझे हर सुबह ख़्याल आता रहे
मुझे आगे और आगे जाना है
और एक दिन पा सकूँ मनपसंद कविता...

तेरह साल की लड़कियाँ

तेरह साल की लड़कियाँ मनीप्लांट की पत्तियों की तरह हरिया रही हैं
पॉश कालोनियों और पतली गलियों में दौड़ती हुई
ये टार्च की रोशनियों की तरह चमक रही हैं

ये लड़कियाँ फ्रॉक, जींस और लैगिंग्स पहने
अपने खूबसूरत लान के आकाश में
रंगीन पतंगों की तरह उड़ रही हैं

ये खिड़कियों में सुन्दर फूलों की तरह अटकी हैं
मुस्कुराती और सुगंधित होती हुई
इनकी आँखों में पराग बिखरा हुआ है
ये अनजान हैं—हवा इनसे कितना मकरन्द चुरा रही है

और यह हवा की शरारत है
शाम को बहुत सारे लड़के इनकी तरफ निकल आते हैं
हवा ही पार्क में खेलते हुए
इनकी स्कर्ट को ऊपर उठा देती है
हवा ही टाँगों को देखना सिखा रही है
हवा ही बताती है उनके अंगों पर चुम्बनों के पुष्प रखना

ऐसे तेरह साल की लड़कियाँ बड़ी हो रही हैं
इस तरह वे अपने आपको महसूस कर रही हैं

तेरह साल की लड़कियाँ प्रेम कर रही हैं और उसे से रही हैं
वे सब-कुछ जानने के लिए तैयार हैं
वे कोंपलों की तरह हवा में आँखें खोल रही हैं
उन्हें अपने शरीर पर काँटों के ताज की कोई जरूरत नहीं लग रही...।

ब्रज श्रीवास्तव

जन्म : 5 सितम्बर, 1966। ग्राम कांकर, विदिशा।
शिक्षा : गणित और अंग्रेज़ी साहित्य में स्नातकोत्तर, बी.एड.
प्रकाशन : देश की शीर्षस्थ पत्र-पत्रिकाओं में कविताएँ प्रकाशित। 'तमाम गुमी हुई चीजें' कविता संग्रह प्रकाशित, चर्चित। आकाशवाणी एवं दूरदर्शन से कविताएँ प्रसारित व्यंग्य, अनुवाद एवं समीक्षाएँ भी प्रकाशित।
संप्रति : शिक्षा विभाग में सहायक परियोजना समन्वयक। प्रगतिशील लेखक संघ इकाई विदिशा के सचिव।
पता : 233, हरीपुरा, विदिशा (म.प्र.)

बेतरतीब सपनों की जमावट में

चंद इरादों को लपेटकर
लुढ़कता रहा
उम्र का पहिया

समय की सामयिक कैफ़ियत को
नज़रअंदाज करतीं मेरी आँखें रहीं बंद
आँख खुलने से पहले
चिड़ियाँ अपना गाना खत्म
कर चुकी थीं

बिखरते रहे विचारों के पन्ने
ज़िंदग़ी की किताब से उड़-उड़कर
पढ़ने के लिए
नहीं आया कोई करीब

बेतरतीब सपनों की जमावट में
दुःखों और सुखों का आना भी
क्रम में न रहा कभी

जीवन न रच पाया

उम्र की हथेली पर
मेहँदी जैसा...

अपने आने का ऐलान

किसी के बलबूते पर नहीं होता
किसी का अपना वजूद
चीजों को अपनी तरह से देखने का
सबका होता है अंदाज अपना और बिल्कुल अलग

गर्भ में पहले पल के हिस्से में
होती है जो हरकत, उसमें
जीवन के प्रति संकल्प लेता हुआ
जातक खुद करता है हलचल

जन्म लेने के साथ ही
बच्चा खुद करता है
दुनिया में अपने आने का ऐलान
रुदन की स्वर-लिपियों में

अपनी ही ऊर्जा द्वारा
पहली बार खड़ा होता है शिशु
सोते, जागते, हँसते या रोते हुए
वह खुद ही करता है
अपनी संवेदनाओं को ज़ाहिर

परत-दर-परत उम्र को
पार करते हुए
आदमी खुद चलता है
जीवन के समानान्तर

जन्म : 2 मई, 1967 को सिरोंज में।
प्रकाशन : पत्र-पत्रिकाओं में कविताएँ प्रकाशित। 'कस्बे का कवि' (कविता संग्रह)
संप्रति : सहा. प्राध्यापक (अंग्रेजी साहित्य)
पता : गाँधी चौक, वासोदा, विदिशा (म.प्र.)

मणिमोहन मेहता

औरतें

धरती के बीचों-बीच
रोप दिया है
तुलसी का एक बिरवा
और परिक्रमा कर रही हैं औरतें
अपनी प्रार्थनाओं में
कामना कर रही हैं
घर की सुख-समृद्धि और शांति की
निर्जला व्रत कर रही हैं
प्रदोष कर रही हैं
दिवंगतों के लिए
ग्यारस कर रही हैं
धरती की खुशहाली के लिये
रतजगा कर रही हैं औरतें
एक कभी न खत्म होने वाली
दौलत है उनके पास—
समुद्र हैं कामनाओं के
झरने हैं प्रार्थनाओं के
अथाह जल-राशि है

पीपल, बरगद और तुलसी के लिए
चींटियों के लिए शक्कर है
चिड़ियों के लिए चावल के दाने हैं
रोटियाँ हैं गायों के लिए
दूध है साँपों के लिए
भूखे देवताओं के लिए भोग है
ऊबे हुए देवताओं के लिए मंगल गान है
अंधकार में बैठे हुए देवताओं के लि
जलते हुए दीप हैं उनके पास
सुख है दुःख के लिए
प्रायश्चित्त है
पापों के लिए
जन्म-जन्मान्तरों के
ढेर सारे पुण्य हैं उनके पास
जो काम आते हैं
धरती के आड़े वक्त।

आलोक श्रीवास्तव

जन्म : 30 दिसम्बर, 1971 को शाजापुर (म.प्र.) में।

प्रकाशन : साहित्य की सभी शीर्ष पत्रिकाओं में रचनाएँ प्रकाशित। प्रतिष्ठित शायरों की पुस्तकों का संपादन। ग़ज़ल संग्रह 'आमीन'।

विविध : प्रतिष्ठित पार्श्व व ग़ज़ल गायकों द्वारा गीत व ग़ज़ल गायन। फ़िल्म व टी.वी. धारावाहिकों में गीत व कथा लेखन। इंडो पाक सहित कई अ.भा. मुशायरों में शिरकत।

सम्मान : ग़ज़ल विधा के लिए वर्ष 2000 का अभिनव शब्द-शिल्पी सम्मान।

संप्रति : दिल्ली में न्यूज चैनल 'आजं तक' में नौकरी।

स्थायी पता : 73, रामद्वारा, विदिशा (म.प्र.)

अम्मा

चिंतन, दर्शन, जीवन, सर्जन रूह नज़र पर छाई अम्मा,
सारे घर का शोर शराबा सूनापन, तनहाई अम्मा।

उसने खुद को खोकर मुझमें एक नया आकार लिया है,
धरती, अंबर, आग, हवा, जल जैसी ही सच्चाई अम्मा।

सारे रिश्ते-जेठ दुपहरी गर्म हवा आतिश अंगारे,
झरना दरिया झील समंदर भीनी सी पुरवाई अम्मा।

घर में झीने रिश्ते मैंने लाखों बार उधड़ते देखे,
चुपके-चुपके कर देती थी जाने कब तुरपाई अम्मा।

बाबू जी गुज़रे, आपस में—सब चीजें, तक़सीम हुईं तब,
मैं घर में सबसे छोटा था मेरे हिस्से आई अम्मा।

बाबू जी

घर की बुनियादें दीवारें बामो-दर थे बाबू जी,
सबको बाँधे रखने वाला ख़ास हुनर थे बाबू जी।

तीन मुहल्लों में उन जैसी कद-काठी का कोई न था,
अच्छे ख़ासे ऊँचे पूरे कद्दावर थे बाबू जी।

अब तो उस सूने माथे पर कोरेपन की चादर है,
अम्मा जी की सारी सजधज सब ज़ेवर थे बाबू जी।

भीतर से ख़ालिस ज़ज़्बाती और ऊपर से ठेठ पिता,
अलग अनूठा अनबूझा-सा इक तेवर थे बाबू जी।

कभी बड़ा-सा हाथ खर्च थे कभी हथेली की सूजन,
मेरे मन का आधा साहस आधा डर थे बाबू जी।

चित्रा सिंह

शिक्षा : रसायन शास्त्र में स्नातकोत्तर। कार्बनिक रसायन में शोध।

प्रकाशन : समाचार पत्रों व पत्रिकाओं में कविताओं का प्रकाशन। विभिन्न अकादमिक पत्र-पत्रिकाओं से शोध पत्रों का प्रकाशन। आकाशवाणी, दूरदर्शन से कविताएँ प्रसारित।

संप्रति : क्षेत्रीय शिक्षण-संस्थान, भोपाल में रसायन शास्त्र विभाग में प्रवक्ता।

पता : क्षेत्रीय शिक्षण-संस्थान, श्यामला हिल्स, भोपाल (म.प्र.)

सुबह होने में

लैम्प पोस्ट की रोशनी से
बातें कर रही हूँ
सामने से गुजरने वाली
लम्बी काली सड़क
थम गई है
पत्तों ने बन्द कर दी हैं
आपस की बातें
अभी-अभी अधनींद से
जागी कोई टहनी
पूछ रही है तने से
सुबह होने में
कितनी देर बाकी है।

काल चक्र

सूरज की तरह तुम
चाँद सी मैं
रहते एक ही आसमान में
देख नहीं पाते
एक दूसरे को
तुम्हारी उष्णता से
झुलसती रहती हूँ मैं, निरन्तर
तुम भी तो अछूते नहीं हो
मेरी शीतलता से।

•

दरख्त से मजबूत कान्धों पर
हर आती जाती साँस के साथ
पड़ती सलवटें
चेहरे की हँसी के
फीके-पीले पड़ते रंग
आसमान सी सफेद आँखों का
सूखता हुआ पानी
कदमों के नीचे की
सिकुड़ती, छोटी होती ज़मीन
उँगलियों के बीच से
फिसलता हरेक दिन-रात
कितना मुश्किल है
पिता, को बूढ़े होते देखना।

अमिता प्रजापति

जन्म : 16 जून, 1973 में।

शिक्षा : बी.एस.सी. (गणित), एम.ए. (अंग्रेज़ी), बी.एड., डिप्लोमा कम्प्यूटर एप्लीकेशन, डिप्लोमा इन टीचिंग इंग्लिश।

प्रकाशन : वितान, वसुधा, हंस, कथादेश, सहारा समय, रचना समय में रचनाएँ प्रकाशित।

पता : 221, राजीव नगर, विदिशा (म.प्र.)

धरती

धरती पर
कितने वन
कितना जल, कितनी भूमि
कितने पहाड़, गड्ढ़े, पठार
और मैदान
कितनी वर्षा, कितना ताप
कितनी ओस, ठंडक कितनी
नाप रहे हैं सब
धरती इन सबको सीने से लगाए
घूम रही है अपनी धुरी पर...

शादी के बाद सहेलियाँ

शादी और बच्चों के बाद
मिली सहेलियाँ
फ्रीजर से बाहर निकली आइसक्रीम की तरह होती हैं

पसीज कर टपकती हुईं
गृहस्थी की भीषण-गर्मी में
याद करती हैं वे दिन
जब वे थीं दोस्ती के फ्रीजर में
अपनी ठंडक में मुस्तैद
अपना पूरा आकार लिए

इससे पहले कि रह जाएँ इक डंडी की शक्ल में
अपना रंग रूप और स्वाद खोकर
बतिया भी न सकें
सहेली से इस बाबत
उन्हें गाँठना चाहिए दोस्ती
अपनी ज़िंदगी से
जहाँ क़ायम हो फ्रीजर की ठंडक
बरकरार रहे अपने अस्तित्व का आकार
जहाँ उनकी खुशी शरबत में तैरते
आईसक्यूबों-सी ठंडक घोलती रहे।

वातायन

रेखांकित होते रचनाकार

दिनेश मिश्र

जन्म : 1953 को ।विदिशा में।
शिक्षा : हिन्दी से एम.ए. व एल. एल. बी.।
प्रकाशन : कादंबिनी एवं सलीका में कविताएँ प्रकाशित।
संप्रति : एडवोकेट।
पता : 11, श्रद्धानंद पथ, विदिशा (म.प्र.)

खुशी बनाम डर

बेटियों को ज़ोर से नहीं हँसना चाहिए/
दिन ढलने से पहले घर लौटना चाहिए/
पराये मर्द से बात नहीं करना चाहिए/
ये सारी हिदायतें नहीं दूँगा उसे
क्योंकि खिलखिलाती बिटिया
मुझे अच्छी लगती है
खुले आसमान में बाँहें फैलाकर
वह बहुत ऊँचे
उड़ना चाहती है
मानो उसके सपनों में
पंख लग गए हों, देखो ना
आँचल में ढेर से फूल भरे
वह चिड़ियों-सी
चहक रही है
हिदायतें देकर उसकी खुशियों पर
विराम नहीं लगाऊँगा
लेकिन फिक्रमंद हूँ

क्या दुनिया उसे खुश रहने देगी
क्या उसकी खिलखिलाहट
ऐसे ही खिली रहेगी
पता नहीं, कल क्या होगा?
पर, मैं तो आज भी डरता हूँ,
कि किसी दिन कूदती-फाँदती,
हिरनी-सी कुलाँचे भरती
मुँह में ढेर-सी चॉकलेट भरे
इस बात से बेखबर
कि मेरे सितारे गर्दिश में हैं
मुझसे ये न कह दे कि
पापा मुझे चाँद चाहिए।

वनिता वाजपेयी

जन्म : 16 जून, 1965 में नरसिंहपुर में।
संप्रति : सहायक प्राध्यापक (हिंदी)।
पता : ओशो अकादमी के पास, इन्द्रप्रस्थ कालोनी, अहमदपुर रोड, विदिशा (म.प्र.)

वजूद

(1)

मैंने
नहीं जाना
कि कब बिछना है जीने के लिए
और
कब टूटना है उसूलों से
शायद इसीलिए
मेरे पास
सभी कुछ है
एक अदद ज़िंदगी के सिवा

(2)

साँझ ढले
चहचहाते लौटते हैं पंछी
न जाने किस पेड़ की किस डाल पर
बसेरा बनाते हैं
कलरव मचाते हैं
पत्तों की गोद में, छुपकर सो जाते हैं
एक साथ

वी. के. मंसूरी
'गाफिल'

विदिशा निवासी ग़ाफ़िल ग़ज़लकार हैं।
संप्रति : निरंतर लिखते हैं। दैनिक अखबारों में प्रकाशन।
पता : उपाध्यक्ष, पेंशनर्स एसो., विदिशा (म.प्र.)

ग़ज़ल

अमनों अमाँ का हामी हिन्दोस्ताँ हमारा।
हम दिलरुवाँ हैं इसके वो जाने जाँ हमारा ॥

पैग़ाम दे रहा है लहराता ये तिरंगा।
शानी नहीं है जिसका वो बागवाँ हमारा ॥

जुर्रत नहीं किसी की हमसे नज़र मिलाये।
सरहद पे निगहेबाँ है अब नौजवाँ हमारा ॥

पर्वत की चोटियों से आवाज़ आ रही है।
कश्मीर है हमारा ये आसमाँ हमारा ॥

फूलों से सजी दुल्हन हरियाली चादर ओढ़े।
नग़में खुशी के गाता है कारवाँ हमारा ॥

बहती हैं सारी नदियाँ ग़ाफ़िल उछल उछल के।
तहज़ीब का मर्कज़ है ये गुलशिताँ हमारा ॥

जन्म : 1957 में, सिरोंज में।
शिक्षा : उर्दू में 'अदीव' तक है।
प्रकाशन : पत्र-पत्रिकाओं में ग़ज़लें प्रकाशित।
संप्रति : व्यवसाय।
पता : पेढ़ी स्कूल के पास, विदिशा (म.प्र.)

हबीव नादां

ग़ज़ल

आग में जलता घर इधर भी है उधर भी है,
अश्क़ों का समन्दर इधर भी है उधर भी है

सहमी-सहमी-सी हैं बुलबुलें गुलशन में,
क़मां ताने लश्कर इधर भी है उधर भी है।

किसी बहन का भाई तो किसी माँ का बेटा,
इनमें किसी का शौहर इधर भी है उधर भी है।

कोई भी सुलहा को आमदा नहीं ए दोस्त,
आस्तीन में ख़ंजर इधर भी है उधर भी है।

सारी फिज़ा में ज़म हो गई आलुदग़ी आज,
सुलगता हुआ मंज़र इधर भी है उधर भी है।

सिर्फ़ एक चादरे बर्फ़ की ख़ातिर ए नादां,
हाथों में पत्थर इधर भी है उधर भी है।

तालिब मोहम्मद
'वार्सी'

जन्म : 28 मई, 1963 को विदिशा में।
शिक्षा : एम.एस-सी (गणित-भौतिक) बी.एड.।
संप्रति : हाई स्कूल में प्रभारी प्राचार्य।
प्रसारण : आकाशवाणी से रचनाएँ का प्रसारण।
पता : दाँतों वाली गली, निकासा, विदिशा (म.प्र.)

ग़ज़ल

मेरी रूदाद मेरे पाँव के छाले बोले,
मैं था खामोश मेरे चाहने वाले बोले।

हसरतें शब के अँधेरों में ही पामाल हुईं,
रात की बात मगर दिन के उजाले बोले।

यूँ तो गुरबत का भरम हमने छुपाया लेकिन,
घर के बोसीदा-दरो बाम के जाले बोले।

उनके हाथों से न छीनो ये उन्हीं का हक है,
खून में डूबे हुए मुँह के निबाले बोले।

हर गुनाह आप ही बोलेगा तेरे सिर चढ़के,
आज महफिल में सरेशाम प्याले बोले।

मुईन सब्बाग

जन्म : 1973 में विदिशा में।
प्रकाशन : पत्र-पत्रिकाओं में रचनाओं का प्रकाशन।
संप्रति : निजी व्यवसाय।
पता : पेढ़ी स्कूल के पास विदिशा (म.प्र.)

ग़ज़ल

ये किसने नाम लिख दिया दिल की किताब पर।
क़ुर्बान कोई हो गया इस इन्तिख़ाब पर।

चर्चे हर एक सिम्त हैं उनके जमाल के।
आये नहीं हैं जो अभी पूरे शबाब पर।

ज़िल्लत अज़ाबे क़ब्र हिकरात की ज़िंदगी।
इल्ज़ाम कई आये हैं तन्हा शराब पर।

गुल की हर एक पंखड़ी थर्रा के रह गई।
जब उसने होंठ रख दिये खिलते गुलाब पर।

कागज़ ने चूम ली थीं ख़ुद बढ़के उँगलियाँ।
उसने लिखा है नाम मेरा जब किताब पर।

लक्ष्मण सोनी

जन्म : 11 अप्रैल, 1980 वर्धाघाट, नेपाल में।

शिक्षा : डिप्लोमा इंजीनियर हैं।

प्रकाशन : पत्रिकाओं में ग़ज़लें प्रकाशित।

प्रसारण : आकाशवाणी भोपाल।

संप्रति : अध्ययन और लेखन।

पता : कृष्णा कालोनी, विदिशा।

ग़ज़ल

देर तक हवाओं से, लड़ा था हुजूर,
तब जाके ऐ चिराग, बुझा था हुजूर।

सहारा देने वाले, को कल भी,
लोगों ने तिनका, कहा था हुजूर।

नुजूमी ही पढ़ा न, सका जाने क्यों,
मेरे हाथों में कुछ तो, लिखा था हुजूर।

फैसला सच के हक में होगा,
हमने भी किताबों में, पढ़ा था हुजूर।

लब हरदम, मुसकुराने लगे,
जाने क्या-क्या उसने, सहा था हुजूर।

●

यूँ तो कहने को सफर था,
मेरे जहन में बच्चा और घर था।

गैरों से खुद को बचा लेती,
बेटी को अपनों का डर था।

आज सूरत देखोगे तो डर जाओगे,
कल ये मोहब्बत का नगर था।

तमाम ओर साजिशों की धूप थी,
मेरे हिस्से दुओं का शज़र था।

घुटने छू कर रह जाता हूँ,
ये चंद किताबों का असर था।

❑❑❑

नज़्म

बेरहम बम

मैं एक बेरहम बम हूँ।
किसी को ज़्यादा ना किसी को कम हूँ ॥
हिन्दू से दोस्ती है न मुस्लिम से बैर है।
सब हलाक हो जाएँगे बस मेरे फटने की देर है ॥
मुझे सिर्फ अपना काम याद रहता है।
कहाँ फटना है वो मकाम याद रहता है ॥
बुरों को देखती हैं न अच्छों को देखती हैं।
मेरी बेरहम आँखें न मासूम बच्चों को देखती है ॥
बूढ़ों पे रहम आता है न आता है औरतों पे प्यार।
बेमौत मर गया जो मेरी ज़द में आ गया एक बार ॥
खिलौना समझ के न मुझसे खेलो।
जरूरत की चीज प्यार से ले लो ॥
मसले बातचीत से हल हो सकते हैं।
मर्सिए रूमानी ग़ज़ल हो सकते हैं ॥
मस्जिदें भी तामीर हो जाएँगी।
मंदिर भी बन जाएँगे ॥
लेकिन जो मेरी ज़द में आ गये।
वो लौट के कभी नहीं आएँगे ॥